AF544606

WURST

SELBER MACHEN WIE DIE PROFIS

Alle Ratschläge in diesem Buch wurden vom Autor und vom Verlag sorgfältig erwogen und geprüft. Eine Garantie kann dennoch nicht übernommen werden. Eine Haftung des Autors beziehungsweise des Verlags für jegliche Personen-, Sach- und Vermögensschäden ist daher ausgeschlossen.

ISBN: 978-3-969300893

Email: info@edition-dreiblatt.de
www.Edition-Dreiblatt.de

Psiana eCom UG
Berumer Str. 44
26844 Jemgum

WURST
SELBER MACHEN WIE DIE PROFIS

Das Buch zum Wursten, Pökeln und Räuchern

Vorwort

Die Wurst hat derzeit keinen guten Stand: Industriell gefertigt, ellenlange Zusatzstofflisten, billiges Fleisch von minderer Qualität - ungesund und unmoralisch, so wird sie heutzutage oft gesehen. Aber das muss nicht sein! Ganz im Gegenteil können Sie ohne Metzgerausbildung oder Vorkenntnisse die Wurstherstellung selbst in die Hand nehmen und den einstigen Star des deutschen Abendbrottisches zum bewussten Genuss mit gutem Gewissen machen.

Salami, Mettwurst, Krakauer, Weißwurst, Lyoner, Corned Beef, Burgunderschinken, Hirschsalami oder Geflügelaufschnitt: Die Liste der Wurstspezialitäten ist nahezu endlos, dem Wurstfreund läuft alleine bei der Aufzählung bereits das Wasser im Munde zusammen und der Genuss steigert sich noch ganz erheblich, wenn die Köstlichkeiten der eigenen Handarbeit entstammen. Dann findet sich darin nur bestes, selbstgewähltes Fleisch, die Würstchen entsprechen exakt Ihren persönlichen Würzvorlieben, der Aufschnitt ist nicht zu salzig und ohnehin können Sie die lange Liste der E-Nummern ganz erheblich zusammenkürzen.

Ein Riesenaufwand, fürchten Sie? Ein wenig mehr Arbeit als der Gang zum Metzger ist es zwar, aber trotzdem sind Schinken, Bratwurst & Co. deutlich schneller erzeugt als Sie sich vielleicht vorstellen. Wie genau Sie dabei vorgehen müssen, was Sie an Ausrüstung benötigen und welche hygienischen Voraussetzungen gewahrt werden müssen, zeigt Ihnen detailliert dieses Buch - und versorgt Sie zudem mit einer großen Fülle an köstlichen Wurstrezepten. Also ran an die Messer und Därme und los geht's!

Guten Appetit!

Hallo, schön, dass Sie da sind!
Als junges Start-Up möchten wir mit liebevollen Kochbüchern die Freude am Kochen (wieder-)erwecken und zu einer natürlichen Ernährung abseits von Fast Food und Fertigprodukten animieren.

Wenn Sie uns unterstützen möchten, würden wir uns über eine Rezension bei Amazon riesig freuen. Sollten Sie Anregungen oder Verbesserungsideen haben, dann schreiben Sie uns liebend gerne unter: feedback@edition-dreiblatt.de

Sie kochen gerne und sind immer auf der Suche nach neuen, inspirierenden Rezepten?

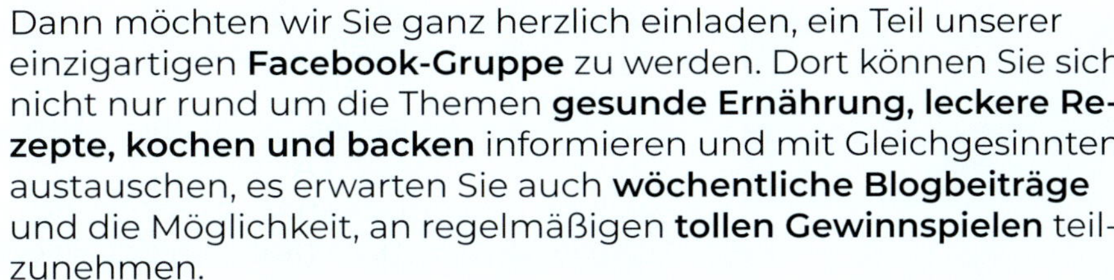

Dann möchten wir Sie ganz herzlich einladen, ein Teil unserer einzigartigen **Facebook-Gruppe** zu werden. Dort können Sie sich nicht nur rund um die Themen **gesunde Ernährung, leckere Rezepte, kochen und backen** informieren und mit Gleichgesinnten austauschen, es erwarten Sie auch **wöchentliche Blogbeiträge** und die Möglichkeit, an regelmäßigen **tollen Gewinnspielen** teilzunehmen.

Um jetzt der Gruppe beizutreten, **scannen Sie ganz einfach den nebenstehenden QR-Code** mit Ihrem Smartphone oder schauen Sie auf unserer Homepage vorbei.
www.edition-dreiblatt.de

Inhalt

Grundlagen des Wurstens

Warum Wurst selbermachen? 10
Was brauche ich zum Wurstmachen? 10
So geht's ... 12
Welche Arten von Wurst gibt es? 12
Das richtige Fleisch 13
Der richtige Darm für die Wurst 15
Räuchern und Lagerung 16
Pökeln 17
Die letzten Vorbereitungen 18

Schnittfeste Rohwurst

Salami 20
Paprika-Würstchen 22
Heuberger Dauerwurst 23
Landjäger 24
Cabanossi 26
Pfefferbeißer 28
Sucuk 30
Frühstückssalami 32

Streichfeste Rohwurst

Zwiebelmett 34
Ungarische Mettwurst 36
Geflügelleberwurst 37
Teewurst Rügenwalder Art 38
Leberwurst Thüringer Art 40
Leberwurst 41
Mettwurst mit Cognac 42
Mettwurst mit Röstzwiebeln 44
Wurst mit Knoblauch 45
Kalbsleberwurst mit Ahornsirup 46
Salsiccia 48

Brühwurst

Krakauer 50
Bockwurst 52
Rindfleischwurst 54
Bierschinken 55
Leberkäse 56

Münchner Weißwurst 58
Putenwurst 60
Würstchen mit Butterkäse 62
Cervelat 63
Zwiebel-Fleischkäse 64
Fleischwurst 66
Wollwurst 68
Fleischkäse aus Putenfleisch 69
Pikante Wiener 70
Mortadella 72
Lyoner 74
Jagdwurst 76

Kochwurst

Grützwurst 78
Blutwurst Thüringer Art 79
Kartoffelwurst 80
Wurst mit Schweinezunge 82
Sülzwurst 83
Corned Beef 84
Kohlwurst 86
Schwartenmagen 88
Falsches Eisbein im Sterildarm 89
Oldenburger Pinkel 90
Blutwurst 92
Kräuter-Kochwurst im Glas 94

Bratwurst

Bratwurst mit Champignons 96
Bratwürstchen mit Schweineblut 97
Klassische Bratwurst 98
Puten-Griller 100
Grobe Bratwurst 101
Merguez 102
Spinat-Emmentaler-Griller 104
Rinderbratwurst 105
Nürnberger 106
Bratwurst aus Entenfleisch 108
Rostbratwurst 109
Salsicia Italiana 110
Paprika-Grillwurst 112
Pikante Bratwurst aus Lammfleisch 113
Currywurst 114
Schlesische Bratwurst 116

Schinken

Lachsschinken 118
Nussiger Schinken 120
Gewürzschinken 122
Klassischer Schinken 123
Burgunderschinken 124
Schinken Schwarzwälder Art 126
Rindersaftschinken 128

Wild

Salami aus Wildschweinfleisch 130
Bratwurst aus Hirschfleisch 132
Wildpastete 133
Wildschwein Schinken 134
Wildschwein Leberwurst 136
Wild Rillettes 137
Hirschsalami 138

Vegetarische Würstchen

Veggie Bratwurst 140
Veggie Pinkel 141
Italienischer Seitanaufschnitt 142
Oliven-Wurst 144
Seitan-Tofu-Wurst 145
Sojabratwurst 146
Vegane Weißwurst 148

Bonusrezepte

Geflügelaufschnitt 150
Luftgetrocknete Schweinelenden 151
Pastrami 152
Pizzawürstchen 154
Entenwurst 155
Enten Rillettes 156
Schweinskopfsülze 158
Fischwürstchen 160

Grundlagen des Wurstens

Warum Wurst selbermachen?

Heutzutage ist die Wurst ein klassisches Industrieprodukt. Mit der ursprünglichen Herstellung und dem natürlichen Geschmack hat diese oft nicht mehr allzu viel gemeinsam. Oft wird von den großen Wurstproduzenten Fleisch von relativ geringer Güte verwendet. Außerdem werden meist viele Konservierungsstoffe, Farbstoffe, Geschmacksverstärker und sonstige Zusatzstoffe bei der Wurstherstellung eingesetzt.

Aus diesem Grunde können sich die meisten Menschen gar nicht mehr vorstellen, wie lecker so eine Wurst doch tatsächlich schmecken kann. Umso schöner, dass Sie sich für die Herstellung eigener Würste begeistern können und ich möchte Ihnen in diesem Buch das notwendige Wissen vermitteln, die leckersten Würste selber zuzubereiten.

Nichts desto trotz möchte ich Sie hier nochmals daran erinnern, dass gerade das Schöne am Wursten ist, dass man alles selber in der Hand hat. Sie bestimmen, welche Zutaten Sie in Ihrer Wurst möchten und welche lieber nicht. Deswegen halten Sie sich nicht sklavisch an die Rezepte in diesem Buch. Seien Sie viel lieber experimentierfreudig und wandlen Sie die Rezepte zu Ihren eigenen ganz persönlichen Rezepten ab.

Was brauche ich zum Wurstmachen?

Bevor es losgeht, ist es wichtig, sich zunächst Gedanken darüber zu machen, welche Werkzeuge und Hilfsmittel man eigentlich zum Wurstmachen benötigt. Nichts ist ärgerlicher als mitten beim Kochen festzustellen, dass etwas fehlt. Aus diesem Grunde sollten Sie sich dieses Kapitel gut durchlesen und überprüfen, ob Sie auch wirklich alles haben, um mit der Wurstherstellung zu starten.

Die Einsteiger Ausstattung
Folgende Materialien sind die Grundvoraussetzung, um Würste herstellen zu können:

- Schneidbrett, möglichst groß
- Ausbeinmesser, um die Knochen zu lösen und den Schinken zurecht zu schneiden.
- Fleischmesser. Im Optimalfall sollte die Klinge ca. 20 cm lang sein.
- Klebeetiketten und einen Stift; hiermit können Sie später Ihre fertigen Wurstgläser beschriften, damit Sie immer den Überblick behalten. Sie sollten immer notieren, welche Art von Wurst sich in dem Glas befindet und wann sie hergestellt wurde.

- Küchenmaschine, um das Brät zu vermengen. Im absoluten Notfall ginge es auch mit der Hand. Mit einer Küchenmaschine lassen sich aber deutlich bessere Ergebnisse erzielen.
- Küchenwaage, um Zutaten abzuwiegen.
- Einkochtopf, um Ihre Wurstgläser einzukochen. Unter Umständen können Sie diese auch im Schnellkochtopf oder im Backofen einkochen.
- Stürzgläser
- Fleischwolf

Brät oder Wurstbrät ist Hackfleisch oder fein gekuttertes Fleisch, wie es zur Wurstherstellung verwendet wird. Neben Salz und Gewürzen wird häufig auch Wasser zugegeben, um eine für die Wurstherstellung geeignete Konsistenz zu erreichen.

Die Profi Ausstattung
Um wirklich jede Wurst herzustellen, benötigen Sie noch folgende Materialien.

- Wetzstahl oder sonstigen Messerschärfer – scharfe Messer werden dir das Arbeiten sehr erleichtern.
- Briefwaage, um Gewürze genau abzuwiegen. Dies ist vor allem wichtig, wenn Sie nur kleine Portionen Wurst zubereiten und diese perfekt schmecken sollen.
- Gewürzmühle – Wenn Sie schon Ihre Wurst selber machen, können Sie auch gleich Ihre Gewürze frisch zubereiten. Diese werden das

Geschmackserlebnis weiter optimieren und schmecken deutlich intensiver, als die fertigen Gewürze aus dem Supermarkt.
- Wursthüllen, Saitlinge oder Därme, je nach Wurst
- Wurstfüller, um Därme und Gläser leicht mit Brät zu befüllen.
- Räucherschrank oder Rauchofen
- Wurstgarn, um die abgefüllten Würste an den Enden abzubinden.
- Landjäger Presse, um die Landjäger Würstchen in die richtige Form zu bringen. Alternativ können Sie auch Ihre eigene Wurstpresse aus zwei Schneidbrettern und einigen Schreibzwingen bauen.

Saitlinge: Als Saitling wird der Dünndarm vom Schaf bezeichnet. Der Naturdarm gilt als besonders zart und eignet sich vor allem für feine Brühwürste, aber auch für Räucherwürste. So werden beispielsweise Frankfurter und Wiener Würstchen sowie Nürnberger Rostbratwürste in der Regel mit Saitling hergestellt.

So geht's ...

Falls Sie vorher noch nie eine Wurst selber gemacht haben, möchte ich Sie in diesem Kapitel kurz in den grundlegenden Ablauf einführen.

1 Bereiten Sie die Gewürzmischung für die Wurst vor. Ich empfehle, die Gewürze selber frisch zu mahlen.

2 Schneiden Sie das Fleisch in handliche Stücke, welche ohne Probleme in den Fleischwolf passen.

3 Drehen Sie das Fleisch durch den Fleischwolf.

4 Das gewolfte Fleisch mit den vorbereiteten Gewürzen vermengen, bis eine homogene Masse, das Brät, entsteht. 5 Minuten kneten reichen hierbei für gewöhnlich aus.

5 Füllen Sie das Brät je nach Rezept in ein Glas, einen Darm oder eine sonstige Form.

Tipp: Beim Wolfen und beim Vermengen unbedingt darauf achten, dass das Brät nicht zu warm wird. Die Temperatur sollte immer im einstelligen Bereich liegen und das Fleisch sollte bis unmittelbar vor Verarbeitung gekühlt werden. Damit das Fleisch nicht unnötig warm wird, ist es auch wichtig, dass der Fleischwolf schön scharf ist und das Fleisch sauber schneidet, anstatt es nur zu zerdrücken. Außerdem sollten Sie darauf achten, das Fleisch nicht in den Fleischwolf zu drücken, sondern es vielmehr mit dem Wolf selbst hineinzuziehen.

Während manche Würste bereits so in ihrer rohen Form gegessen werden, erfolgt in der Regel eine Weiterverarbeitung. Beispiele hierfür wären das Grillen, Braten, Reifen lassen, Einkochen, Räuchern oder Einfrieren.

Welche Arten von Wurst gibt es?

Im Grunde lassen sich 3 verschiedene Arten von Wurst unterscheiden:

Rohwurst
Bei der Rohwurst findet nach dem Abfüllen des Bräts keine Hitzeeinwirkung statt und die Masse wird nicht zum Gerinnen gebracht. Beispiele sind hier die Dauerwurst, die Mettwurst, Krakauer oder auch Salami.

Kochwurst
Bei der Kochwurst wird anders als bei der Rohwurst das Wurstbrät nach dem Abüfllen gegart. Häufig werden auch vor dem Abfüllen die Zutaten bereits erhitzt, so werden die einzelnen Bestandteile oft durch erstarrtes Fett verbunden. Beispiele sind hier die Blutwurst, Leberwurst oder Schwartenmagen.

Brühwurst
Die Brühwurst ist im Prinzip ein Mittelding zwischen Rohwurst und Kochwurst. Nach dem Abfüllen findet eine leichte Erhitzung statt, bei der das Eiweiß etwas gerinnt. Beispiele wären hier das Wiener Würstchen, Fleischwurst oder auch Mortadella.

Das richtige Fleisch

Das mit Abstand Wichtigste für eine wirklich leckere Wurst, ist wirklich gutes Fleisch. Hierbei sind vor allem folgende 3 Punkte von herausragender Bedeutung.

Die Herkunft des Fleisches
Bei der Herkunft von Fleisch wird in der Regel zwischen konventioneller Tierzucht oder Bio-Tierzucht unterschieden. Ich persönlich verarbeite ausschließlich Bio-Fleisch zu Wurst. Hierfür habe ich mich entschieden, weil die Tiere in der Regel ein schöneres Leben hatten als ihre konventionell aufgezogenen Artgenossen. Zum Großteil ist hierfür der Aspekt verantwortlich, dass in der Bio-Tierzucht mehr Platz für die Tiere vorgesehen ist. Des Weiteren werden weniger Medikamente verabreicht, welches auch wiederum uns, den Konsumenten des Fleisches, zugutekommt. Nichts desto trotz steht Ihnen die Entscheidung natürlich frei, welches Fleisch Sie verwenden und es gibt ja auch genug Stimmen, die sagen, dass Bio-Tierhaltung nicht deutlich besser ist als konventionelle Tierhaltung.

Neben diesen vermeintlich ethischen Aspekten empfinde ich aber auch einen geschmacklichen Unterschied. So ist Bio-Fleisch oft weniger wässrig und schöner gefärbt. Durch das trockenere Fleisch ist die Wurstherstellung deutlich leichter und die schöne Farbe spiegelt sich hinterher in der Wurst wider.

Bitte wundern Sie sich nicht, wenn Ihre selbstgemachte Wurst eher gräulich aussieht. Aus dem Supermarkt sind wir normalerweise eher eine rötliche Farbe gewöhnt, diese ist allerdings nicht natürlich und wird nur künstlich erzeugt. Falls Ihnen die Farbe sehr wichtig ist, können Sie auch mit natürlichen Farbstoffen nachhelfen.

Das Alter des Tieres beim Schlachten

Falls Sie wirklich nur Wurst herstellen möchten, ist das Alter des Tieres, in den meisten Fällen des Schweins, nicht ganz so wichtig. Möchten sie allerdings eine schnittfeste Rohwurst herstellen, sollte das Tier ungefähr 7-8 Monate alt sein. Sollten Sie Speck, Schnitzel, Schinken oder Braten herstellen wollen, kann das Tier ruhig etwas älter sein. Ich empfehle hierbei immer ein Alter von 9-11 Monaten.
In der Regel gilt, dass je älter das Tier ist, desto trockener und fester ist sein Fleisch. Dieser Effekt macht sich vor allem beim Anbraten bemerkbar, denn wenn das Fleisch relativ wässrig ist, wird auch viel Wasser aus dem Fleisch austreten und das Fleisch wird in der Pfanne eher köcheln als braten.

Das Ablagern von Fleisch

Wenn Sie wirklich gute Wurst herstellen wollen, sollten Sie das Fleisch immer erst einige Tage ablagern. Bei Schweinefleisch empfiehlt sich eine Ablagerungsdauer von 4-6 Tagen. Bei Rindfleisch können es auch 10-12 Tage sein. Während des Ablagerns wird das Fleisch weiter an Wasser verlieren. Außerdem finden enzymatische Prozesse im Fleisch statt, welche die Konsistenz und den Geschmack des Fleisches verfeinern.

Im Winter können Sie recht einfach zu Hause Ihr Fleisch ablagern. Die Temperaturen sollten zwischen 3-5°C liegen. Legen Sie das Fleisch einfach an einen vor jeglichen Tieren geschützten Ort und decken Sie es mit einer Decke zu. Das Fleisch sollte während des Ablagerns täglich gewendet werden, damit es nicht nur einseitig austrocknet.
Im Sommer ist das Ablagern etwas aufwändiger, Sie benötigen hierzu nämlich einen zweiten Kühlschrank oder einen Kühlraum. Verteilen Sie das Fleisch auf verschiedenen Tellern und gießen Sie die auf den Tellern entstehende Flüssigkeit einmal täglich ab.

Der richtige Darm für die Wurst

Sofern Sie Ihre Wurst nicht im Glas machen möchten, ist es notwendig, dass Sie sich geeignete Därme für Ihre Wurst besorgen. Dies können Sie z.B. beim Metzger tun. Grundsätzlich haben Sie hierbei die Wahl zwischen trocken gesalzenen Därmen oder abfüllfertigen Därmen.

Den trocken gesalzenen Darm müssen Sie vor Verarbeitung für 5-12 Stunden in ein kaltes Wasserbad geben. Hierdurch wird der Darm geschmeidig und das Salz wird entzogen. Wichtig: Denken Sie daran, zwischendurch das Wasser auszutauschen. Abfüllfertiger Darm wurde bereits gewässert. Diesen sollten Sie vor Verarbeitung lediglich eine halbe Stunde in lauwarmem Wasser quellen lassen. Hierdurch verbessert sich die Elastizität des Darms und Sie können ihn leichter befüllen. 32°C sind hierfür die optimale Wassertemperatur.

Bevor Sie mit dem Befüllen der Därme beginnen, lassen Sie am besten einmal Wasser vom Anfang des Darms bis zum Ende durchlaufen. Im Anschluss das restliche Wasser aus dem Darm streichen. Nun sollte sich der Darm mit Leichtigkeit über das vorher befeuchtete Füllrohr ziehen lassen. Hierbei muss das gesamte Stück des Darms, welches Sie mit Brät füllen möchten, über den Füllaufsatz gestülpt werden. Achten Sie außerdem darauf, den richtigen Füllrohraufsatz für den entsprechenden Darmdurchmesser zu wählen.
Nun sollten Sie das hintere Ende des Darms mit einem Knoten verschließen. Alternativ können Sie auch einfach einen sehr langen Darm verwenden. Grundsätzlich ist es nicht nötig, den Darm genau auf die Menge des Bräts abzustimmen. Es ist kein Problem zwischendurch den gefüllten Darm gegen einen neuen leeren Darm auszutauschen.

Welche Darmgröße benötigen Sie für welche Wurst?

Bratwurst: Kal. 26/28, 28/30 oder 30/32 Schweinedarm oder Saitlinge
Nürnbergele: Kal. 18/20 Saitlinge
Merguezle: Kal. 20/22 Schweinedarm
Wienerle: Kal. 20/22 oder 22/24 Saitlinge
Brühwürste: Kal. 26/28 Schweinedarm
Leber/Blutwurst im Ring: Kal. 40/42 oder größere Rinderkranzdärme

---

Kaliber (kal) bezeichnet den Durchmesser von Naturdärmen. Um diesen zu ermitteln, werden die Därme zunächst mit Wasser gefüllt, erst danach wird der Durchmesser gemessen. Sie können den Durchmesser auch ermitteln, indem Sie den Umfang des prall gefüllten Darmes durch Pi (3,14) teilen. Da hierbei immer ein bestimmter Spielraum durch die Dehnbarkeit des Darmes herrscht, gibt man den Kaliber als von-bis-Wert an, z.B. Kal. 26/28.

Um das Brät, in den Darm zu füllen, ist es ratsam, sich einen Gehilfen zu suchen. Mit etwas Geschick lässt es sich zwar auch alleine schaffen, es ist für Anfänger aber wirklich nicht ganz so leicht und zu zweit macht es natürlich auch viel mehr Spaß.

Die 5 goldenen Regeln des Darmfüllens:

1 Sorgen Sie für genug Platz für die Wurstmenge, die Sie produzieren möchten.

2 Drehen Sie das Fleisch gleichmäßig durch den Fleischwolf und ziehen Sie den Darm ebenso gleichmäßig vom Füllrohr.

3 Heben Sie die Wurst mit einer Hand leicht an. Ansonsten entsteht ein ungünstiger Winkel zwischen Füllrohr und Wurst und der Darm könnte reißen.

4 Füllen Sie die Wurst nicht zu prall, aber auch nicht zu lasch.

5 Achten Sie darauf, dass sich möglichst keine Luftblasen im Darm bilden.

Lassen Sie sich nicht davon entmutigen, wenn Ihnen beim Abfüllen der Darm einige Male kaputt geht. Das passiert selbst Profis und gehört einfach beim Wurstmachen dazu. Aus diesem Grunde sollten Sie immer genügend Ersatzdärme griffbereit haben.

Räuchern und Lagerung

Durch das Räuchern kann Wurst haltbar gemacht werden und erhält einen aromatischen Geschmack. Heutzutage ist es sogar möglich, zuhause zu räuchern. Hierfür benötigen Sie einen Räucherofen, welchen Sie für relativ wenig Geld erwerben können. Wenn Sie Ihre selbstgemachte Wurst räuchern möchten, können Sie entscheiden, ob Sie lieber kalt-, warm-, oder heißräuchern wollen.

Beim Kalträuchern sollte die Temperatur im Räucherofen zwischen 15 und 25°C liegen. Da die Temperaturen relativ gering sind, dauert das Räuchern etwas länger. Dafür ist diese Art des Räucherns besonders schonend. Fleisch, welches üblicherweise kalt geräuchert wird, ist Schinken, Speck, Leberwurst oder Salami. Bei Schinken und Speck sollte die Räucherzeit 2 bis 3 Wochen betragen. Bei den übrigen Wurstsorten reichen in der Regel 2-3 Tage.

Beim Warmräuchern sollte die Temperatur in der Räucherkammer zwischen 30 und 50°C liegen. Durch die höheren Temperaturen im Vergleich zum Kalträuchern sind die Garzeiten deutlich kürzer. Dafür wird die Haltbarkeit nicht so weit erhöht, wie beim Kalträuchern. Kassler z.B. sollte ungefähr 120 Minuten warm geräuchert werden. Beim Bierschinken reichen sogar etwa 80 Minuten.

Beim Heißräuchern liegt die Temperatur normalerweise bei 70 bis 110°C. Die Garzeit ist hierbei ziemlich kurz, genau wie die Haltbarkeit. Heißgeräucherte Würste sollten in der Regel innerhalb weniger Tage verzehrt werden. Noch besser ist es, wenn das Fleisch sogar am selben Tag verzehrt wird. Da die Räuchertemperatur über 60°C liegt, gerinnt hierbei das Eiweiß. Es wird also vielmehr gegart als geräuchert. Die meisten Würstchen können gut bei 90°C heißgeräuchert werden. 15-20 Minuten reichen hierbei schon vollkommen aus.

Abschließend möchte ich darauf hinweisen, dass es sich bei den genannten Werten nur um grobe Richtwerte handelt. Die wirklichen Temperaturen und Räucherzeiten sind von sehr vielen Faktoren abhängig und sie werden nicht darum herum kommen, Ihre eigenen Erfahrungen mit Ihrem eigenen Räucherofen zu machen.

Pökeln

„Pökeln“ wurde bereits in der Antike eingesetzt, um Fleisch haltbar zu machen. Gepökelt wird meistens mit dem sogenannten Nitritpökelsalz bzw. mit einer Mischung aus Speisesalz, Kaliumnitrat und Natriumnitrat. Grundsätzlich lassen sich zwei Arten des Pökelns unterscheiden.

Beim Trockenpöckeln wird das trockene Fleisch eingesalzen. Hierbei sollte man ca. 80 g Salz, 8 g Zucker und 1 g Salpeter für ein Kilogramm Fleisch verwenden.

Das Nasspökeln hingegen ist etwas aufwändiger. Hierbei wird zunächst das Salz und evtl. Gewürze zusammen aufgekocht. Die entstandene Salzlake anschließend abkühlen lassen. Nun gibt man das Fleisch, welches man pökeln möchte, in einen Gefrierbeutel, gießt die Lake dazu, verschließt den Beutel und legt ihn für 6-14 Tage in den Kühlschrank. Als Faustregel kann man hier je Kilogramm Fleisch 8 Tage Einwirkzeit kalkulieren. In den kalten Monaten kann bei größeren Fleischmengen anstatt des Kühlschranks auch der Keller genutzt werden.

Sowohl beim Trockenpökeln, als auch wie schon erwähnt beim Nasspökeln, können Gewürze mit dem Salz vermengt werden. Oftmals kommen hier Rosmarin, Lorbeerblätter, Piment, Wacholderbeeren oder Knoblauch zum Einsatz.

Die letzten Vorbereitungen

Sie haben nun schon viel über die Wurstherstellung erfahren und wir können endlich mit der eigentlichen Zubereitung starten. Jede Herstellung einer Wurst sollte jedoch gründlich vorbereitet werden. Die folgenden Punkte helfen dabei!

1 Ermitteln Sie, welches Fleisch und wie viel Fleisch Sie für das von Ihnen gewünschte Rezept benötigen. Bestellen Sie das Fleisch rechtzeitig beim Fleischer vor.

2 Falls Sie vorhaben, Ihre Gewürze selber und frisch zu mahlen, dann ist jetzt der richtige Zeitpunkt gekommen, dies zu tun.

3 Jede Wurst benötigt eine andere Gewürzmischung. Stellen Sie Gewürzmischungen bereits zusammen und füllen Sie sie in der richtigen Dosierung in verschließbare Gläser.

4 Falls Sie Wurst in einem Glas machen möchten, überprüfen Sie, ob Sie über genügend verschließbare Gläser verfügen. Achten Sie darauf, dass alle Gläser sehr sauber sind.

5 Überprüfen Sie den Einkochautomaten auf seine Funktion und richten Sie ihn ein.

6 Falls Sie Würste pressen möchten, stellen Sie sicher, dass Sie über genügend Wursthüllen oder Därme verfügen.

Tipp - Messer mit dem Wetzstahl schärfen: Halten Sie das Messer in der "schwachen" Hand. Kippen Sie das Messer so, dass zwischen Klinge und Wetzstahl / Schärfstab ein Winkel von 15 - 20° ist. Ziehen Sie die Schneide nach unten über den Stahl und nutzen Sie dabei die ganze Länge des Stahls aus: Das Ende der Messerschneide gleitet dabei bis zur Messerspitze. Wichtig: Schärfen Sie kein komplett stumpfes Messer. Der Wetzstahl ist dafür gedacht, ein scharfes Messer scharf zu halten.

7 Stellen Sie zudem sicher, dass die verwendeten Messer ausreichend scharf sind. Stumpfe Messer erschweren das Arbeiten und erhöhen sogar die Verletzungsgefahr, weil man mehr Kraft beim Schneiden aufwenden muss.

Schnittfeste Rohwurst

Salami

6 Port. 9 Wo. Leicht

Zutaten

1 kg Schweinebauch und Rindfleisch (50 %/ 50 %)

Räucherbare Kunstdärme (Kaliber 55)

Je 1 kg Fleisch:

- 10 ml Madeira
- 25 g Pökelsalz
- ½ TL Paprikapulver
- 10 g eingelegten grünen Pfeffer
- ½ TL Zucker
- ½ TL schwarzer Pfeffer, gemahlen
- 2 Msp. Muskat
- ½ g Starterkultur
- 2 Msp. Koriander
- ½ TL Senfkörner
- ½ TL Knoblauchpulver
- 2 Msp. Kümmel, gemahlen

Nährwerte

493 kcal
1 g kh
38 g Fett
34 g Eiweiß

1 Die Gewürze, bis auf den grünen Pfeffer und den Wein, mischen und beide Fleischsorten in 3 x 3 cm dicke Stücke schneiden und kurz einfrieren.

2 Das Fleisch mit den Gewürzen einreiben und durch den Fleischwolf drehen (ca. Ø 5 mm Scheibe).

3 Den Wein und den Pfeffer hinzufügen und alles vermengen. Dann in die Kunstdärme geben, stampfen und eng abschnüren.

4 Die Wurst muss die ersten 4 Tage bei ungefähr 20 °C und einer Luftfeuchtigkeit von gut 90 % gelagert werden. Anschließend weitere 10 Tage bei einer Temperatur von 16 °C und einer Luftfeuchtigkeit von 85 % reifen lassen. An jedem 2. Tag mit einem feuchten Tuch abwischen.

5 Zuletzt die Würste 3 mal je 5,5-6 Stunden am Tag räuchern und dann bei 13-14 °C und einer Luftfeuchtigkeit von 80 % mindestens 7 Wochen reifen lassen.

Paprika-Würstchen

10 Port. 4 Wo. Mittel

Zutaten

½ TL Traubenzucker
20 g Pökelsalz
600 g mageres Fleisch von der Schweineschulter
23 g scharfes Paprikapulver
½ TL schwarzer Pfeffer
Salz
½ TL Knoblauch, gemahlen
390 g Rückenspeck
1 TL Chili
½ TL Ascorbinsäure
Kranzdarm (Kaliber 40)

Nährwerte

497 kcal
1 g kh
46 g Fett
16 g Eiweiß

1 Die Zutaten mit dem Speck vermengen.

2 Das Fleisch von der Schulter durch einen Fleischwolf mit einer Ø 5 mm Scheibe drehen. Dann den Speck durch eine Ø 10 mm Scheibe drehen und alles lange durchkneten.

3 Die Masse in die Därme geben und bei 12-14°C abtrocknen lassen. Jeweils am 5., 8., und 11. Tag mit Wasser, in dem 30 g Salz pro Liter gelöst sind, waschen und trocken reiben.

4 Die Wurst danach ungefähr 15 Stunden lang kalt räuchern und 2 weitere Wochen reifen lassen.

Heuberger Dauerwurst

6 Port. 6-8 Tage Leicht

Zutaten

- 500 g Rindfleisch
- 500 g magerer Schweinebauch
- ½ TL geschroteter Pfeffer
- ½ TL Knoblauch
- 2 Msp. Koriander
- ½ TL schwarzer Pfeffer, gemahlen
- 20 g Salz
- Därme (Kaliber 26-28)

Nährwerte

482 kcal
1 g kh
38g Fett
35 g Eiweiß

1 Den Schweinebauch und das Rindfleisch durch eine 4 mm Scheibe wolfen, dann die Gewürze hinzufügen und alles gut durchkneten.

2 Die Därme befüllen und alle 28-30 cm abbinden.

3 Die Würste 4 Tage lang kalt räuchern und dann bis zur gewünschten Festigkeit aufgehängt bei Raumtemperatur lagern.

Landjäger

10 Port. 10 Wo. Schwer

Zutaten

- 500 g fetter Schweinerückenspeck
- ½ TL Kümmel
- ½ TL schwarzer Pfeffer, gemahlen
- ½ TL Traubenzucker
- 490 g Rindfleisch, hohe Rippe
- ½ TL Koriander, gemahlen
- 38 g Nitritpökelsalz
- 975 g Schweinenackenfleisch
- 1 TL gelbes Senfmehl
- Starterkultur für schnittfeste Rohwurst
- 5 m Schweinedarm (26/28)

Nährwerte

598 kcal
1 g kh
43 g Fett
49 g Eiweiß

1 Den Speck in Stücke schneiden und 4 Stunden lang ins Gefrierfach stellen. Den Darm 2 Stunden lang in (abgekochtes) Wasser einlegen, zwischendurch ab und zu spülen. Den Knorpel und die Sehnen am Fleisch entfernen, dann auch klein schneiden und 1 Stunde lang einfrieren. Die Starterkultur, wie auf der Packung beschrieben, ansetzen.

2 Das Fleisch mit dem Pfeffer, dem Kümmel, dem Senfmehl, dem Traubenzucker und der Starterkultur durch einen Fleischwolf mit einer 2 mm Lochscheibe drehen. Danach das Salz hinzufügen und alles nochmal wolfen. Ein Füllrohr (26 mm) an dem Fleischwolf anbringen und die Masse bis zum Schluss pressen. Danach den Darm aufziehen, die Masse hineinfüllen und die Würste abbinden. Zwischen den Würsten ungefähr 2,5 cm Freiraum lassen.

3 Die Würste im Zickzack Muster auf ein Brett legen und ein weiteres darauf legen. Die Bretter mit Schrauben befestigen, sodass die Würste etwas gepresst werden. Die Würste bei 4°C 6 Tage lang lagern, danach die Bretter abmachen und die Würste aufgehängt mindestens 1 Tag (24 Stunden) bei Raumtemperatur lagern.

4 Würste 2 Tage lang bei 22-24°C kalt räuchern und ungefähr eine weitere Woche ausreifen lassen.

Cabanossi

8 Port. 13 Std. Schwer

Zutaten

500 g Rindfleisch (Hohe Rippe)
1 TL Rohrzucker
½ TL weißer Pfeffer, gemahlen
950 g Schweinefleisch (Nacken)
38 g Salz
½ TL Senfmehl
1 Msp. Muskatnuss
490 g fetter Schweinerückenspeck
½ TL Cayennepfeffer
6,5 m Schweinedarm (30/32)
7 g Paprikapulver
1 Msp. Kümmel
Wurstgarn

Nährwerte

498 kcal
1 g kh
32 g Fett
48 g Eiweiß

1 Den Schweinerückenspeck in 2 cm breite Stücke schneiden und 3,5 Stunden ins Gefrierfach legen. Den Darm ungefähr 2 Stunden lang in lauwarmes Wasser legen und hin und wieder spülen. Die Knorpel und Sehnen des Rind- und des Schweinefleischs entfernen, in 2 cm breite Würfel schneiden und beides eine Stunde lang ins Gefrierfach legen.

2 Das Salz auf den Speck und das Fleisch geben. Das Rindfleisch durch eine Ø 2 mm Scheibe des Fleischwolfs drehen. Den Rest durch eine Ø 4,5 mm große Scheibe. Alles mit sämtlichen Gewürzen gut kneten und in die Därme geben. Würste von einer Länge von ungefähr 55-60 cm abtrennen, mit dem Garn zuerst abbinden und dann zu einem Ring knoten.

3 Die Würste an Stangen aufgehängt 13 Stunden bei Raumtemperatur lagern. Nun die Würste bei 80°C heiß räuchern, sodass eine Kerntemperatur von ungefähr 70°C erlangt ist (dauert ungefähr 2 Stunden). Zum Schluss 1 Stunde lang bei 72-75° C in einem Topf voll Wasser garen. Dann in kaltem Wasser auskühlen lassen und trocken tupfen.

Pfefferbeißer

14 Port. 2 Wo. Schwer

Zutaten

- 250 g Schweinerückenspeck, fett
- ½ TL rote Pfefferkörner
- 42-45 g Nitrit Pökelsalz
- ½ TL Muskatblüte, gemahlen
- 6,5 m Saitling (Kaliber 20/22)
- ½ TL schwarzer Pfeffer, gemahlen
- 1 TL schwarzer Pfeffer, geschrotet
- 1725 g Schweinefleisch (Nacken)
- Starterkultur für Rohwurst
- 1,5 TL Paprikapulver
- ½ TL Koriander, gemahlen
- 1 TL Traubenzucker

Nährwerte

482 kcal
1 g kh
37 g Fett
33 g Eiweiß

1 Den Speck kleinschneiden und mindestens 3,5 Stunden ins Gefrierfach stellen. Den Seitling 2 Stunden lang in Wasser einlegen und hin und wieder spülen. Die Knorpel und die Sehnen von dem Fleisch entfernen und das Fleisch eine Stunde lang ins Gefrierfach stellen.

2 Wie auf der Packung beschrieben, wird die Starterkultur angesetzt. Die Starterkultur mit den Gewürzen und dem Fleisch zweimal durch einen Fleischwolf mit einer Ø 8 mm Lochscheibe drehen. Dann das Salz unterkneten.

3 Die Masse einfüllen und ungefähr 16 cm große Würste abtrennen. Zwischen den Würsten jeweils 1,5 cm Platz lassen. Die Würstchen aufhängen und bei einer Raumtemperatur von ungefähr 15°C 6 Stunden ruhen lassen. Danach bei normaler Raumtemperatur mindestens einen Tag lagern.

4 Die Würstchen müssen weitere 5 Tage reifen. Jeden Tag muss die Temperatur um 2°C kühler gestellt werden. Am Ende die Würstchen in 2 Durchgängen jeweils 3 Stunden lang kalt räuchern (22-24° C) und ungefähr eine weitere Woche lagern.

Sucuk

12 Port. 10 Tage Leicht

Zutaten

100 g Paprikapulver, edelsüß

3975 g Kalbshack (15 % Fett)

95 g Kreuzkümmel, gemahlen

80 g Salz

80 g Piment, gemahlen

28 Knoblauchzehen

95 g Chiliflocken

Kunstdarm (Kaliber 45)

Nährwerte

504 kcal
1 g kh
26 g Fett
66 g Eiweiß

1 Den Knoblauch feinhacken und mit den Gewürzen unter das Hack mischen. Das Hack 25 Minuten lang kneten.

2 Die Masse abdecken und 12 Stunden kühl stellen. Danach nochmals durchkneten.

3 Die Därme mit der Masse befüllen und abbinden.

4 Mit einer Nadel in jede Wurst an den äußeren Seiten jeweils einmal einstechen. Die Würste an einem schattigen Ort 10 Tage aufhängen.

Frühstückssalami

 5 Port.
 3 Wo.
 Mittel

Zutaten

- 20 g Pökelsalz
- 950 g Schweinehackfleisch
- 1,5 TL gelbe Senfkörner
- 2 Msp. Piment, gemahlen
- 2 Prisen Nelkenpulver
- 2 Msp. Paprikapulver, edelsüß
- Rinderkranzdärme (Kaliber 40/42)
- 2 Msp. Traubenzucker
- ½ TL weißer Pfeffer, gemahlen
- 1 Msp. Knoblauchgranulat
- ½ TL schwarzer Pfeffer, zerstoßen
- 1 Msp. Muskat, gemahlen

Nährwerte

500 kcal
1 g kh
40 g Fett
32 g Eiweiß

1 Das Hack 3 Stunden im Kühlschrank aufbewahren. Dann mit allen Gewürzen gut mischen und über Nacht kühlstellen.

2 Die Rinderkranzdärme auffüllen und aufhängen, damit sie trocknen können. Damit im Raum die richtige Luftfeuchtigkeit gegeben ist, einfach einen Wasserkocher täglich 3 Minuten lang unter die Würste stellen.

3 Nach 7 Tagen können die Würste geräuchert werden oder an einem kühlen Ort trocknen.

4 Nach 18-21 Tagen ist die Salami fertig.

Streichfeste Rohwurst

Zwiebelmett

6 Port. 60 Min. Leicht

Zutaten

- 300 g Schweinenacken, ausgelöst
- 22 g Pökelsalz
- ½ TL Paprikapulver, edelsüß
- Naturdärme (Kaliber 35-40)
- 700 g magerer Schweinebauch
- 45 g Zwiebeln, klein geschnitten
- ½ TL weißer Pfeffer, gemahlen

Nährwerte

129 kcal
16 g kh
2 g Fett
29 g Eiweiß

1 Das Fleisch mindestens 2 Stunden im Kühlschrank aufbewahren. Dann mit den Zwiebeln durch einen Fleischwolf mit einer Ø 4 mm Scheibe drehen.

2 Die Masse in die Därme geben. Die Wurst hält sich im Kühlschrank 3 Tage.

Ungarische Mettwurst

6 Port. 30 Min. Leicht

Zutaten

290 g Schweinebauch, mit etwas Fleisch
24 g Salz
680 g Schweinefleisch, mager
½ TL Knoblauch, frisch
1 TL weißer Pfeffer, gemahlen
2 Msp. Piment
30 g Paprikapulver, edelsüß
Saitlinge (Kaliber 40-50)

Nährwerte

454 kcal
1 g kh
32 g Fett
38 g Eiweiß

1 Den Schweinebauch und das Fleisch durch einen Fleischwolf mit einer Ø 3mm Scheibe drehen. Den Knoblauch hacken und mit durch den Fleischwolf drehen.

2 Die Masse mit den übrigen Zutaten verkneten und in die Saitlinge geben.

3 Die Würste langsam kalt räuchern.

Geflügelleberwurst

2 Port. 30 Min. Leicht

Zutaten

200 g Hühnerleber
50 g Butter
3 Knoblauchzehen, klein geschnitten
½ TL Thymian
300 g Hühnerbrust
1 Zwiebel, klein geschnitten
½ TL Chiliflocken
2 TL Joghurt, 10 % Fett
½ TL Gewürzmischung
½ TL Pfeffer
Etwas Salz
½ TL Majoran

Nährwerte

460 kcal
6 g kh
25 g Fett
50 g Eiweiß

1 Das Fleisch kleinschneiden. Die Butter in einer Pfanne schmelzen lassen und das Fleisch darin anbraten.

2 Die Zwiebelstücke und den Knoblauch mitbraten. Nach kurzer Zeit die Gewürze hinzufügen und alles ein paar Minuten bei schwacher Hitze in der Pfanne lassen.

3 Die Masse in ein hohes Gefäß geben und pürieren. Dann den Joghurt hinzufügen und gut durchrühren.

4 Die Leberwurst in eine Schale geben und im Kühlschrank lagern (ca. 2 Wochen haltbar).

Teewurst Rügenwalder Art

5 Port. 1 Tag Mittel

Zutaten

- 50 ml Rum
- 2 TL Pflanzenöl
- 20 g Nitrit Pökelsalz
- 1 TL Rauchsalz
- 340 g Schweinebauch
- 1 TL Paprikaextrakt
- 1 Msp. Macis
- 100 g Rindfleisch, mager
- 18 g grüne Pfefferkörner
- ½ TL weißer Pfeffer
- 1 TL Zucker
- 4 räucherbare Kunstdärme (Kaliber 40/18)
- 90 g fettiger Räucherspeck
- 200 g Schnitzelfleisch
- 240 g Schweinegulasch
- 2 Prisen Kardamom
- 2 Prisen Selleriesamen, gemahlen

Nährwerte

476 kcal
2 g kh
33 g Fett
37 g Eiweiß

1 Die Pfefferkörner in dem Rum über Nacht einlegen. Das Schnitzelfleisch und das Rindfleisch in grobe Stücke schneiden und ungefähr 1 Stunde ins Gefrierfach stellen. 100 g Schweinebauch und den Speck kleinschneiden und in den Kühlschrank stellen.

2 Den Rest des Schweinebauchs auch kleinschneiden und mit den Gewürzen und dem Gulasch vermengen. Dann durch einen Fleischwolf mit einer Ø 8 mm Scheibe drehen. Den Rum und den Pfeffer hinzugeben und alles mischen. Das Fleisch aus dem Gefrierfach nehmen und durch einen Fleischwolf mit einer Ø 2 mm Scheibe drehen. Dann den Schweinebauch und den Räucherspeck darunter mischen und nochmals alles wolfen.

3 Das Fleisch mit dem Öl und dem groben Fleisch vermengen. Die Masse in die Därme abfüllen und eine Nacht aufhängen. Zum Schluss die Würste in 2 Durchgängen je 6 Stunden kalt räuchern.

Leberwurst Thüringer Art

16 Port. 120 Min. Mittel

Zutaten

500 g Leber
Salz und Pfeffer
2500 g fetter Schweinebauch
2 Zwiebeln
Majoran

Nährwerte

516 kcal
2 g kh
42 g Fett
30 g Eiweiß

1 Das Fleisch kleinschneiden und kochen, bis es weich ist.

2 Die Leber auch kleinschneiden und zusammen mit den Zwiebeln in 2 Durchgängen durch die feine Scheibe wolfen.

3 Das Fleisch einmal wolfen, die Gewürze hinzufügen und mit der Lebermasse mischen. Alles 5 Minuten lang kneten.

4 Die Masse in Gläser geben, nach oben hin 2 cm Platz lassen und 2 Stunden einkochen.

Leberwurst

12 Port. 60 Min. Mittel

Zutaten

500 g Schweinebauch
1,5 TL Piment
890 g Schweineleber
90 g Röstzwiebeln
55-60 g Nitrit Pökelsalz
1,5 TL Pfeffer
½ TL Muskat
300 g Schweineschulter
½ TL Nelken
½ TL Ingwer
500 ml Kochbrühe
2 Msp. Kardamom
1225 g Schweinenacken

Nährwerte

509 kcal
5 g kh
32 g Fett
46 g Eiweiß

1 Die Gallengänge der Leber entfernen, dann klein schneiden und mit dem Salz durch den Fleischwolf drehen. Danach im Kühlschrank lagern.

2 Den Speck, den Bauch und die Schulter kleinschneiden und 3 Minuten in kochendem Wasser brühen. Dann mit der Brühe, den Gewürzen und der kühlen Leber durch einen Fleischwolf drehen, bis die Masse eine breiartige Konsistenz hat.

3 Die Masse in Gläser umfüllen, den Deckel zudrehen und in einem Kochtopf 1 Stunde lang kochen.

4 Dann die Gläser in lauwarmes Wasser setzen, kaltes Wasser hinzugeben, sodass die Gläser allmählich abkühlen.

Mettwurst mit Cognac

20 Port. 7 Tage Mittel

Zutaten

750 g Speck
6 Stücke Darm (Naturin-, Textil-, oder Hukkidarm)
500 g Schweinefleisch
70 g + 3,5 EL Pökelsalz
100 ml Cognac
1500 g Rindfleisch
2 TL schwarzer Pfeffer, gemahlen
4 TL Zucker

Nährwerte

493 kcal
2 g kh
34 g Fett
39 g Eiweiß

1 Das gesamte Fleisch unter fließendem Wasser säubern und klein schneiden. Das Fleisch in 5 Durchgängen durch den Fleischwolf drehen.

2 Der Speck wird klein geschnitten und im Kühlschrank gelagert.

3 Die Fleischmasse 25 Minuten lang kneten, dann die 70 g Salz, die Gewürze und den Speck mit einarbeiten. Alles weitere 25 Minuten durchkneten. Nach und nach den Cognac hinzufügen. Die Masse in die Därme geben und abschnüren.

4 Den Zucker und das übrige Salz mischen und die Würste damit einreiben. Die Würste müssen nun drei Tage gelagert werden und jeden Morgen und Abend mit der Lake, die sich gebildet hat, eingerieben und gedreht/gewendet werden.

5 Am Ende die Würste 3-4 Tage lang kalt räuchern und so lange trocknen lassen, bis sie die gewünschte Härte haben (es muss zu Beginn eine hohe Luftfeuchtigkeit von ca. 85-90 % gegeben sein, die jeden Tag etwas verringert werden muss).

Mettwurst mit Röstzwiebeln

Zutaten

- 2 Msp. Ascorbinsäure
- 750 g Schweinebacke
- 250 g Rindfleisch
- 28 g Kartoffelstärke
- ½ TL Muskat
- ½ TL Paprikapulver
- 55 g Röstzwiebeln
- 490 g Fleischbrühe
- 20 g Pökelsalz
- 1 TL Pfeffer
- ½ TL Puderzucker
- 2 Msp. Glutamat
- 500 g Schweineschulter

Nährwerte

485 kcal
2 g kh
44 g Fett
18 g Eiweiß

1 Das Fleisch kochen.

2 Die Gewürze sind für 1 kg Fleisch angegeben. Nachdem das Fleisch gekocht wurde, muss es gewogen werden und die Gewürzmengen müssen evtl. angepasst werden.

3 Das Fleisch mit den Gewürzen durch einen Fleischwolf mit einer Ø 4,5 mm Scheibe wolfen.

4 Die Masse mit der Brühe vermengen und nochmal wolfen.

5 Die Masse in Gläser abfüllen und ungefähr 2 Stunden lang kochen.

Wurst mit Knoblauch

4 Port. 50 Min. Mittel

Zutaten

- 500 g mageres Fleisch von der Schweineschulter
- 2 Knoblauchzehen
- ½ TL Kümmel, gemahlen
- 2 TL Salz
- 250 g Speck
- ½ TL Zucker
- 1 TL schwarzer Pfeffer, gemahlen
- 4 TL Weißwein

Nährwerte

528 kcal
2 g kh
35 g Fett
43 g Eiweiß

1 Den Speck mit dem Fleisch durch einen Fleischwolf mit der feinen Scheibe drehen. Die übrigen Zutaten hinzufügen.

2 Die Masse auf Schraubgläser verteilen, sodass die Gläser ¾ gefüllt sind.

3 Die Gläser in einem Wasserbad 1 Stunde lang bei 175°C in den Backofen stellen. Zum Schluss abkühlen lassen.

Kalbsleberwurst mit Ahornsirup

5 Port. 50 Min. Leicht

Zutaten

- 60 g Karotten
- 60 g Porree
- 500 g Bauch (ohne Schwarte und Knochen)
- 200 g Kalbsfleisch
- 300 g Schweineleber
- 60 g Sellerie
- 1 Zwiebel

Gewürze je kg Fleisch:

- 58 g Zwiebeln, klein geschnitten
- 2 Msp. Paprikapulver, edelsüß
- 1 Msp. Ingwer
- ½ TL weißer Pfeffer
- 17 g Pökelsalz
- 9 g Ahornsirup
- 1 Msp. Mazis
- Kunstdärme (Kaliber 40/18)

Nährwerte

529 kcal
11 g kh
34 g Fett
42 g Eiweiß

1 Das Kalbsfleisch und den Bauch in Wasser garen. Pro Liter Kochwasser 60 g Karotten, 60 g Porree, 60 g Sellerie und 1 Zwiebel hinzufügen. Dann das Fleisch klein schneiden und auskühlen lassen.

2 Die klein geschnittene Zwiebel anrösten und die Leber 1 Minute lang in dem Kochwasser brühen. Danach klein schneiden.

3 Alle Zutaten vermengen und mithilfe eines Fleischwolfs zu einer glatten Masse umwandeln.

4 Die Masse mit etwas Kochwasser vermengen, bis eine breiartige Konsistenz entstanden ist. Dann die Gewürze hinzufügen.

5 Den Sirup in 20 ml kochendem Wasser kurz kochen lassen. Dann unter die Masse rühren.

6 Die Därme abfüllen, abschnüren und die Würste bei 76-80°C brühen (pro mm Durchmesser 1 min lang).

Salsiccia

10 Port. 90 Min. Leicht

Zutaten

900 g Schweinefleisch (Kamm, Schulter oder Nacken)
100 g Lardo (italienischer Speck)
50 ml Rotwein
20 g Salz
8 g Fenchelsamen
2 g schwarze Pfefferkörner
2 g Chiliflocken
1 g Zimt
4 Knoblauchzehen
Schweinedarm Kal. 20/22

Nährwerte

188 kcal
1 g kh
4 g Fett
21 g Eiweiß

1 Die Fenchelsamen werden in einer Pfanne ohne Zugaben von Fett geröstet und anschließend mit den Pfefferkörnern gemörsert.

2 Lardo und Fleisch in Stücke gemäß der Größe des Fleischwolfs schneiden, den Knoblauch häuten und grob zerhacken, dann die Gewürze, Knoblauch, Salz und Fleisch miteinander vermischen. Die Masse durch den 3-mm-Aufsatz des Fleischwolfes drehen, dann das Brät mit dem Rotwein gründlich verkneten.

3 Den Schweinedarm auf den Befüllaufsatz stecken und das Brät ohne Lufteinschlüsse nicht zu fest in den Darm füllen, anschließend die Würste mit einer Länge von 10 bis 15 cm abdrehen.

4 Die Würste können gebraten werden oder man nutzt diese als Brotaufstrich. Sie sollte aber in jedem Fall innerhalb von zwei Tagen zubereitet und verzehrt werden.

Brühwurst

Krakauer

6 Port. 1 Tag Mittel

Zutaten

- 100 g Rindfleisch
- 100 g Rückenspeck
- ½ TL Cayennepfeffer
- ½ TL schwarzer Pfeffer
- 800 g Schweinefleisch Abschnitte (max. 10 % Speck)
- 20 g Pökelsalz
- ½ TL Paprikapulver, edelsüß
- 2 Msp. Ascorbinsäure
- 2 Msp. Knoblauchpulver
- 1 TL Kutterhilfsmittel
- 2 Msp. Muskat
- Schweinedärme (Kaliber 30/32)
- ½ TL Kümmel, gemahlen
- 60-80 ml Wasser mit Kohlensäure

Nährwerte

535 kcal
1 g kh
40 g Fett
39 g Eiweiß

1 Das Fleisch und den Speck kleinschneiden.

2 Die Hälfte des Schweinefleischs mit dem Rindfleisch und den übrigen Zutaten (bis auf das Wasser) in 2 Durchgängen durch eine Ø 5 mm Scheibe drehen. Dann den Speck und das restliche Schweinefleisch darunter mischen.

3 Die Masse durch eine Ø 5 mm Scheibe drehen und das Wasser hineinkneten.

4 Alles in die Därme abfüllen und einen Tag lang abwarten, sodass die Würste umröten können.

5 Am Schluss die Würstchen bei 65°C ca. 75 Minuten räuchern und dann pro mm Durchmesser 1 min lang bei 75°C brühen. Danach abschrecken.

Bockwurst

6 Port. 60 Min. Mittel

Zutaten

- 300 g Schweinebacke
- 500 g Rindfleisch (max. 10 % Fett)
- 20 g Pökelsalz
- 190 g Eis
- ½ TL Knoblauchpulver
- 2 Msp. Selleriepulver
- 21 Msp. Glutamat
- 1 TL Kutterhilfsmittel
- 2 Msp. Muskat
- 2 Msp. Zitronenschale, Pulver
- 2 Msp. Ascorbinsäure
- 2 Msp. Koriander, gemahlen
- Darm (Kaliber 24/26)
- ½ TL schwarzer Pfeffer
- ½ TL Paprikapulver, rosenscharf

Nährwerte

496 kcal
1 g kh
42 g Fett
26 g Eiweiß

1 Das Fleisch in Stücke schneiden, mit dem Salz einreiben und 1 bis 2 Tage im Kühlschrank lagern.

2 Das Fleisch mit den übrigen Zutaten (bis auf das Kutterhilfsmittel und das Eis) durch eine Ø 4,5 mm Scheibe wolfen.

3 Dann kuttern (12-14°C) und dabei das Kutterhilfsmittel und das Eis hinzufügen.

4 Die Masse in die Därme geben und bei ungefähr 55°C 1 Stunde lang räuchern.

5 Die Würste bei 70-75°C brühen (pro mm Durchmesser eine Minute lang). Zum Schluss unter kaltes Wasser halten.

Rindfleischwurst

5 Port. 1 Tag Mittel

Zutaten

- 150 g Wasser mit Kohlensäure
- 20 g Pökelsalz
- 825 g Rindfleisch (max. 10 % Fett)
- ½ TL Senfpulver
- ½ TL weißer Pfeffer
- 2 Msp. Zitronenschale
- 2 Msp. Koriander
- 1 TL Paprikapulver, edelsüß
- ½ TL Muskat
- 2 Msp. Kümmel, gemahlen
- ½ TL Kutterhilfsmittel
- 2 Msp. Zwiebelpulver
- 1 Msp. Knoblauchpulver
- Schweinedünndärme (Kaliber 28/30)

Nährwerte

478 kcal
1 g kh
32 g Fett
44 g Eiweiß

1 Das Fleisch in grobe Stücke schneiden und mit den Gewürzen mischen.

2 Das Fleisch durch die grobe Scheibe des Fleischwolfs drehen, dann das Wasser hinzufügen und alles durch eine Ø 3 mm Scheibe drehen.

3 Die Masse kurz durchkneten und dann in die Därme umfüllen.

4 Einen Tag lang warten, bis die Würste umgerötet sind, danach müssen sie 2 Stunden lang kalt geräuchert werden. Danach bei 75° C ca. 30 Minuten brühen.

5 Die Würste eine halbe Stunde lang bei 75°C brühen und nach und nach in Wasser auskühlen lassen.

Bierschinken

10 Port. 1 Tag Schwer

Zutaten

300 ml Gemüsebrühe
1350 g mageres Schweinefleisch (Schulter mit Schwarte)
1 TL Zucker
20 g Salz
½ TL schwarzer Pfeffer, gemahlen
20 g mageres Rindfleisch Oberschale
400 g fetter Schweinebauch mit Schwarte
19 g Nitrit Pökelsalz
½ TL Muskatnuss, gerieben
½ TL Koriander, gemahlen
2 Msp. Ingwerpulver
1 Knoblauchzehe
Wurstgarn
2.5 m Naturfaserdarm (Kaliber 40/45)

Nährwerte

490 kcal
4 g kh
32 g Fett
44 g Eiweiß

1 500 g des Schweinefleisches in grobe Stücke schneiden, dann das Pökelsalz untermischen und 7 Stunden kaltstellen. Die Knorpel und Sehnen am anderen Fleisch entfernen, dann auch klein schneiden und kalt stellen. Den Darm 2 Stunden lang in Wasser einlegen.

2 Den Knoblauch hacken und mit dem Fleisch ohne das Pökelsalz in 2 Durchgängen durch einen Fleischwolf mit einer Ø 2 mm Scheibe drehen. Die Masse mit der Brühe und dem Salz mischen.

3 Das gepökelte Fleisch abtrocknen und mit dem Wurstbrät, dem Zucker, dem Koriander, dem Pfeffer, dem Muskatnuss und dem Ingwer kneten. Den Darm in 6 gleichgroße Stücke trennen und auf einer Seite abbinden.

4 Mit der Masse die Därme befüllen und an der offenen Seite zuschnüren. Die Würste bei 82-84°C gut 40 Minuten lang brühen, dann in sehr kaltem Wasser auskühlen lassen und abtrocknen. Zum Schluss 1 Tag lang vor dem Anschneiden ruhen lassen.

Leberkäse

4 Port. 100 Min. Leicht

Zutaten

- 150 g Rinderbrustfilet
- 500 g Schweinenacken
- 200 g Schweinespeck (Rücken)
- 150 g Crushed Ice
- 20 g Pökelsalz
- 5 g Zwiebelpulver
- 5 g Kutterhilfsmittel (mit Umrötung)
- 2 g weißer Pfeffer, gemahlen
- 0,5 g Kardamom
- 0,5 g Paprikapulver, edelsüß
- 0,5 g Macis
- 0,5 g Muskatnuss
- 0,25 g Ingwerpulver

Nährwerte

446 kcal
2 g kh
31 g Fett
41 g Eiweiß

1 Schweinenacken, Rinderbrust und Schweinespeck in Stücke schneiden, die in den Fleischwolf passen, dann Zwiebelpulver, Pfeffer, Kardamom, Paprikapulver, Muskatnuss, Macis und Ingwerpulver mit den Fleischstücken gründlich vermengen und die gesamte Masse für etwa 2 Stunden in das Gefrierfach legen.

2 Für feinen Leberkäse das Fleisch zweifach durch die feinste Lochscheibe drehen. Anschließend das Fleisch zusammen mit dem Eis, dem Pökelsalz und dem Kuttermittel in einen Mixer, eine Kuttermaschine oder eine Küchenmaschine geben und bis zur gewünschten Konsistenz verarbeiten. Dabei darauf achten, dass die Temperaturmarke von 12 °C nicht überschritten wird.

3 Nun die Form einfetten, in die der Leberkäse gebracht werden soll, und das Fleischbrät ohne Lufteinschlüsse fest in die Form drücken. Im Anschluss die Oberfläche kreuzförmig einritzen, damit der Leberkäse beim Backen nicht aufplatzt.

4 Den Ofen auf 180 °C vorheizen und den Leberkäse vorerst für 15 Minuten darin anbacken, anschließend bei einer Temperatur von 120 °C für etwa 40 bis 45 Minuten weiterbacken lassen. Bei mehr Masse oder mehreren kleinen Formen muss die Backzeit entsprechend angepasst werden. Beträgt die Kerntemperatur des Leberkäses zwischen 69 und 72 °C, ist er fertig und sollte vor dem Verzehr noch etwa 10 Minuten auskühlen.

Münchner Weißwurst

12 Port. 90 Min. Schwer

Zutaten

- 850 g Kalbsfleisch von der Schulter
- 1,5 TL weißer Pfeffer, gemahlen
- 1 Bund Petersilie
- Schale von 2 Zitronen
- 35 g Salz
- 500 g Eisschnee (Crushed Ice)
- 650 g fetter Schweinerückenspeck
- ½ TL Muskatblüte, gemahlen
- ½ TL gelbe Senfkörner, gemahlen
- 5 m Schweinedarm (Kaliber 26/28)

Nährwerte

453 kcal
2 g kh
30 g Fett
41 g Eiweiß

1 Den Darm in Wasser ungefähr 2 Stunden lang einweichen lassen, hin und wieder spülen.

2 Den Knorpel und die Sehnen am Speck und Fleisch entfernen und beides kleinschneiden. Durch einen Fleischwolf mit einer Ø 3 mm Lochscheibe drehen und 1 Stunde ins Gefrierfach stellen.

3 Die Petersilie hacken. Den Eisschnee und das Salz mit dem Fleisch vermengen und erneut durch eine Ø 2 mm Scheibe wolfen.

4 Die Masse 10 Minuten lang kneten, dann die üblichen Zutaten in die Masse kneten.

5 Die Därme befüllen und die Würste nach 12 cm abbinden. Die Würste 24-26 Minuten bei 75°C brühen. Zum Schluss in kaltem Wasser auskühlen lassen.

Putenwurst

22 Port. 75 Min. Leicht

Zutaten

- 2400 g Putenoberschenkel (ohne Knochen)
- 600 g Schweinebauch
- 7 g Kutterhilfsmittel ohne Umrötung
- 300 g Bergkäse
- 700 g Crushed Eis
- 300 g Schweinebacke
- ½ TL brauner Zucker
- 1 Msp. Ascorbinsäure
- 19 g Hähnchengewürz
- 1 EL Meersalz
- 400 ml Sahne
- 300 g Rückenspeck
- 1 EL rote Beete Pulver
- Schweinedarm (Kaliber 26/28)

Nährwerte

509 kcal
1 g kh
40 g Fett
32 g Eiweiß

1 Das Fleisch in grobe Stücke schneiden und eine Weile in den Kühlschrank stellen.

2 Das Fleisch durch einen Fleischwolf mit einer Ø 3 mm Scheibe wolfen. Danach 1 Stunde lang kühl stellen.

3 Die gesamten Zutaten, außer den Käse, in den Kutter füllen und solange kuttern, bis die Masse cremig ist.

4 Den Käse hinzufügen und die Masse in die Därme geben. Alle 18-20 cm abbinden.

5 Die Würste bei 70°C in Wasser oder im Dampf eine Dreiviertelstunde lang brühen.

Würstchen mit Butterkäse

 13 Port.

 1 Tag

 Mittel

Zutaten

- 2500 g Schweineschulter mit Speck
- 300 g Butterkäse
- 1,5 TL Zucker
- 1,5 TL weißer Pfeffer
- 1 TL Kümmel, gemahlen
- 250 g Eiswasser
- 490 g Rindfleisch (durchwachsen)
- 1 TL Knoblauch, gemahlen
- 16 g Kutterhilfsmittel
- Darm (Saitlinge Kaliber 24/26)
- 86 g Pökelsalz
- 1 TL Paprikapulver, rosenscharf

Nährwerte

490 kcal
2 g kh
194 g Fett
48 g Eiweiß

1 Das Rindfleisch in grobe Stücke schneiden, mit 16 g Pökelsalz einreiben und in der Nacht lagern, sodass es umröten kann.

2 Das Schweinefleisch mit den übrigen Zutaten durch einen Fleischwolf mit der Erbsenscheibe drehen und auch die Nacht über umröten lassen.

3 Den Käse im Gefrierfach 45-60 Minuten lagern und dann in feine Stücke schneiden.

4 Das Eiswasser mit dem Rindfleisch kuttern und mit dem Käse und dem Schweinefleisch vermengen. Nun die Saitlinge befüllen.

5 Die Würste für 35-40 Minuten bei ungefähr 50°C räuchern. Am Ende bei 80°C 20 min lang brühen und zum Abkühlen in kaltes Wasser legen.

Cervelat

6 Port. 3 Tage Leicht

Zutaten

300 g Rindfleisch
21 g Pökelsalz
1 Msp. Zucker
½ TL schwarzer Pfeffer, gemahlen
½ TL weißer Pfeffer, gemahlen
300 g Speck
400 g Schweinenacken
2 cl Weinbrand
Naturdärme

Nährwerte

538 kcal
2 g kh
48 g Fett
42 g Eiweiß

1 Die Därme unter mehrfachem Spülen in Wasser einlegen.

2 Den Speck in Stücke schneiden und das Fleisch parieren. Beides im Gefrierfach 1,5-2 Stunden lagern.

3 Das Fleisch und den Speck durch einen Fleischwolf mit einer Ø 2 mm Scheibe drehen.

4 Dann den Weinbrand und die Gewürze hinzufügen und alles mischen.

5 Die Masse in die Därme geben und ein paar Tage lang im Kühlschrank lagern, damit die Würste reifen können. (Alternativ können die Würste in 2 oder 3 Durchgängen kalt geräuchert werden.)

Zwiebel-Fleischkäse

6 Port. 140 Min. Mittel

Zutaten

- 250 g Schweinefleisch
- 200 g mageres, entfettetes Rindfleisch
- 250 g fetter Schweinebauch
- 140 g Schweinebacke
- 150 g Eis (fein zerstoßen)

Gewürze je kg Fleischmasse:

- 2 Msp. Paprikapulver, edelsüß
- 21 g Röstzwiebeln
- ½ TL weißer Pfeffer, gemahlen
- 1 Msp. Ingwer, getrocknet und gemahlen
- 18 g Salz
- 2 Msp. Koriander
- 1 TL Zwiebelgranulat
- 1 Msp. Kardamom
- 2 Msp. Muskatblüte, gemahlen

Nährwerte

492 kcal
2 g kh
39 g Fett
31 g Eiweiß

1 Den Schweinebauch, -backe und das Fleisch 1 Stunde ins Gefrierfach stellen und dann durch einen Fleischwolf mit einer Ø 2 mm Scheibe drehen.

2 Die Gewürze und das Eis hinzufügen und alles 12 Minuten gut durchmischen, bis eine glatte Masse entstanden ist.

3 Die Masse in eine geölte Form für Fleischkäse aus Aluminium geben und zwar so, dass keine Luftblasen entstehen.

4 Die Masse auf der untersten Schiene ins Backrohr schieben und bei 160°C für 1 Stunde pro kg Masse backen. Am Ende muss eine Kruste entstanden sein.

Fleischwurst

5 Port. 60 Min. Mittel

Zutaten

450 g magere Schweineschulter (ohne Schwarte und Knochen)

150 g Rindfleisch

300 g magerer Schweinebauch (ohne Schwarte und Knochen

100 g Schweinerückenspeck

Gewürze pro kg Fleisch:

108 g Scherbeneis

½ TL Traubenzucker

17 g Pökelsalz

6 g Würzmischung „Frankfurter Fleischwurst“

115 ml Fleischbrühe

1 TL Kutterhilfsmittel

Kranzdarm (Kaliber 43/46)

Nährwerte

470 kcal
4 g kh
35 g Fett
32 g Eiweiß

1 Das Fleisch durch eine Ø 3 mm Scheibe wolfen.

2 Die Masse in Gefrierbeutel umfüllen und platt drücken (Dicke von 2 mm). Die Beutel so lange ins Gefrierfach legen, bis das Fleisch außen anfängt zu gefrieren.

3 Die Gewürze mit dem Fleisch kuttern und dann in die Därme geben und abbinden.

4 Die Würste bei 64°C räuchern und danach 1 Stunde in 75°C warmem Wasserbad brühen.

5 Die Würste in kaltem Wasser abschrecken.

Wollwurst

4 Port. 90 Min. Leicht

Zutaten

250 g Rindfleisch
20 g Salz
1 Msp. Muskat
1 Msp. Kardamom
1 TL Senfpulver
150 g Schweinebacke
350 g fetter Schweinebauch
Etwas Ingwer, gemahlen
250 g Schweinefleisch (Nacken)
Zitronenschale
½ TL Pfeffer
1 Msp. Koriander, gemahlen

Nährwerte

525 kcal
1 g kh
40 g Fett
36 g Eiweiß

1 Das Fleisch getrennt wolfen und ¼ der Fleischmasse im Mixer mixen.

2 Das Fleisch vermengen und die Gewürze hinzufügen.

3 Die Masse in einen Spritzbeutel mit 3 cm Öffnung füllen und gleichgroße Würste in einen Topf mit 40°C warmen Wasser spritzen.

4 Das Wasser auf 75°C erwärmen und die Würste ungefähr 40 Minuten darin brühen. Dann herausnehmen und abkühlen lassen.

Fleischkäse aus Putenfleisch

6 Port. 45 Min. Leicht

Zutaten

- 1000 g Putenfleisch
- 200 g Eisschnee (Crushed Ice)
- 100 ml Mineralwasser
- ½ TL Knoblauch, gemahlen
- 1 Msp. Kümmel, gemahlen
- 2 Prisen Muskat
- 1 TL Kutterhilfsmittel
- 1 TL weißer Pfeffer
- 29 g Salz
- 200 g Pflanzenfett
- 125 g Feta
- ½ TL Majoran

Nährwerte

536 kcal
1 g kh
41 g Fett
38 g Eiweiß

1 Das Fleisch in Stücke schneiden, grob wolfen und kühlstellen.

2 Die Gewürze vermengen und mit dem Fett und dem Feta vorkuttern.

3 Das Fleisch und den Eisschnee hinzufügen und kuttern, bis eine homogene Masse entstanden ist (dabei eine Temperatur von ca. 11°C beibehalten).

4 Die Masse in eine Kastenform geben, etwas kaltes Wasser darauf gießen und die Oberfläche glätten.

5 Zuerst bei 175°C eine Viertelstunde lang backen, dann die Temperatur auf 145°C verringern und 55-65 Minuten weiterbacken. Zuletzt aus der Form stürzen.

Pikante Wiener

5 Port. 70 Min. Mittel

Zutaten

- 200 g Rinderhals, -bug
- 160 g Rückenspeck
- 2 TL Chilipulver
- ½ TL weißer Pfeffer
- 1 Msp. Macis
- 1 Msp. Kardamom
- 1 TL Maggi-Würze
- 300 g Schweineschulter
- ½ TL Paprikapulver, edelsüß
- 1 Msp. Pimentpulver
- 1 Msp. Knoblauchpaste
- 1 Msp. Ingwer, gemahlen
- 100 g Weichfett von Schinken oder Schulter
- 220 g Eisschnee (Crushed Ice)
- 90 g Tomatenmark
- 16 g Pökelsalz
- 450 cm Schafsaitling

Nährwerte

470 kcal
5 g kh
35 g Fett
32 g Eiweiß

Brühwurst

1 Das Fleisch in grobe Stücke schneiden und 2 Stunden lang ins Gefrierfach stellen. Den Darm in warmes Wasser legen.

2 Den Speck kleinschneiden und durch die feine Scheibe wolfen. Dann in den Kühlschrank stellen. Das Eis crushen.

3 Das Fleisch auch durch den Fleischwolf drehen und mit Maggi, dem Salz und dem Kutterhilfsmittel vermengen. Dann das Eis und das Fett untermischen. Die Gewürze und das Tomatenmark hinzugeben, sodass ein Brät entsteht.

4 Die Masse in die Därme abfüllen und so abdrehen, dass jedes Würstchen 50 g wiegt. Bei 60°C Umluft die Würstchen eine Stunde lang im Ofen trocknen lassen.

5 Die Würstchen bei 60°C 60 Minuten lang räuchern und danach in 75°C warmem Wasser 18-20 Minuten brühen. Dann einige Minuten in eiskaltem Wasser auskühlen lassen.

Mortadella

12 Port. 12 Std. Schwer

Zutaten

500 g fetter Schweinerückenspeck
19 g Salz
½ TL Muskatblüte, gemahlen
1200 g Schweinefleisch (Schulter, ohne Schwarte)
300 g mageres Rindfleisch (Schulter)
1,5 TL weißer Pfeffer, gemahlen
1 Msp. Piment, gemahlen
1 TL Zucker
28 g Pistazien, ohne Schale
235 g Nitrit Pökelsalz
4 Naturfaserdärme

Nährwerte

570 kcal
1 g kh
40 g Fett
50 g Eiweiß

1 2 Liter Wasser mit dem Pökelsalz zum Kochen bringen und danach auskühlen lassen. Die Knorpel und Sehnen vom Fleisch entfernen, dann in Stücke schneiden und eine Viertelstunde lang in eine Schüssel, die mit eiskaltem Wasser befüllt ist, legen. Dann abgießen und die Pökellake auf das Fleisch füllen und 11-12 Stunden im Kühlschrank lagern.

2 Därme 2 Stunden lang in Wasser einweichen und ab und zu spülen. Speck in grobe Stücke schneiden und 60 Minuten lang ins Gefrierfach stellen.

3 Das Fleisch abtupfen und mit dem Speck durch eine Ø 2 mm Lochscheibe wolfen. Dann alles 8 Minuten lang kneten und dabei die Pistazien, den Zucker, das Salz, den Pfeffer, das Piment und die Muskatblüten hinzufügen.

4 Die Därme trockentupfen und jeweils auf der einen Seite abbinden. Die Masse in die Därme geben, die offenen Seiten verknoten und alles bei 78-80°C 80 Minuten brühen. Danach in kaltem Wasser abkühlen lassen und abtrocknen.

Lyoner

7 Port. 200 Min. Leicht

Zutaten

- 260 g Schweineschulter
- 300 g Rückenspeck (Schwein, ohne Schwarte)
- 1 Msp. Paprikapulver, edelsüß
- 2 Prisen Ingwer, gemahlen
- 1 Msp. Koriander
- 1 TL weißer Pfeffer, gemahlen
- ½ TL Traubenzucker
- 15 g Pökelsalz
- 225 g Eiswasser
- 200 g mageres Rindfleisch
- 1 Msp. Muskatblüte, gemahlen
- 1 Msp. Ascorbinsäure
- 1 Msp. Kardamom
- Kutterhilfsmittel nach Packungsangabe
- Brühbarer Kunstdarm (Kaliber 55)

Nährwerte

700 kcal
1 g kh
48 g Fett
14 g Eiweiß

1 Das Fleisch getrennt durch eine Ø 3 mm Scheibe wolfen, danach 2 Stunden ins Gefrierfach stellen.

2 Die Schweineschulter und das Hack mit dem Pökelsalz kuttern. Nach ein paar Runden die Hälfte des Eises und das Kutterhilfsmittel hinzufügen.

3 Das übrige Eis und den Speck dazugeben und nach ein paar Runden die restlichen Zutaten hinzufügen und bis zu einer Temperatur von 12°C kuttern.

4 Mit der Masse die Därme befüllen und bei 75°C 60 Minuten lang brühen. Danach in kaltem Wasser auskühlen lassen.

Jagdwurst

6 Port. 70 Min. Leicht

Zutaten

- 100 g kernige Schweinebacke
- 400 g magerer Schweinebauch
- ½ TL Maggi-Würze
- 1 Msp. Muskat, gemahlen
- 200 g Rindfleisch
- 1 Msp. Koriander
- 2 Prisen Ingwer, gemahlen
- ½ TL Puderzucker
- 2 Prisen Kümmel
- ½ TL Paprikapulver, edelsüß
- 110 g eiskaltes Wasser
- 300 g Schweinefleisch aus Schulter oder Keule
- 18 g Nitrit Pökelsalz
- 2,5 TL Senfkörner
- 1,5 TL Kutterhilfsmittel
- ½ TL schwarzer Pfeffer
- ½ TL weißer Pfeffer
- Sterildärme (Kaliber 65)

Nährwerte

502 kcal
1 g kh
40 g Fett
32 g Eiweiß

1 Das Fett und das Fleisch in Stücke schneiden und über Nacht kühlstellen.

2 Das Schweine- und Rindfleisch durch eine Ø 3 mm Scheibe wolfen. Die Würze, das Salz, 2/3 des Wassers und das Kutterhilfsmittel hinzufügen und alles kneten.

3 Das Fleisch und das Fett mit den Gewürzen mischen und durch eine 8 mm Scheibe drehen. Das übrige Wasser hinzugeben und alles 60 Minuten lang kühlstellen.

4 Alles durchkneten und in die Därme geben. Die Wurst bei 70°C 2 Stunden lang brühen.

Kochwurst

Grützwurst

4 Port. 60 Min. Leicht

Zutaten

- 1000 ml Brühe
- 200 g Schweinefleisch (Bauchfleisch, klein geschnitten)
- Salz
- 1 TL Majoran
- 200 g Speck (grün, klein geschnitten)
- 1 TL Bohnenkraut, getrocknet
- 200 g Zwiebeln, klein geschnitten
- 1 TL weißer Pfeffer, gemahlen
- 1 Tasse Schweineblut
- 500 g Graupen, Grütze

Nährwerte

565 kcal
42 g kh
28 g Fett
34 g Eiweiß

1 Die Graupen 35 Minuten lang in Brühe kochen.

2 Das Bauchfleisch und den Speck anbraten und die Zwiebeln hinzugeben. Dann mit den Gewürzen zu den Graupen geben, mit Salz würzen und etwas abkühlen lassen.

3 Das Blut zu der Masse geben und alles in eine geölte Backform füllen. Bei 195°C eine halbe Stunde backen.

4 Alternativ kann die Wurst auch in Naturdärme abgefüllt werden und in 80°C heißem Wasser 60 Minuten lang gebrüht werden.

Blutwurst Thüringer Art

7 Port. 2 Tage Mittel

Zutaten

400 g mageres Fleisch (Kamm/Bug)
200 g Blut
2 Prisen Zimt
1 Msp. Piment, gemahlen
½ TL Majoran
½ TL schwarzer Pfeffer, gemahlen
19 g Pökelsalz
200 g Schweineschwarte
20 g Zwiebeln
1 Msp. Kümmelpulver
1 Msp. Glutamat
200 g Rückenspeck, klein geschnitten
Därme

Nährwerte

520 kcal
1 g kh
46 g Fett
24 g Eiweiß

1 Das Fleisch klein schneiden und 12-24 Stunden mit 10 g Salz pro kg Fleisch vorpökeln.

2 Die Schweineschwarten ca. eine halbe Stunde lang kochen und danach durch einen Fleischwolf mit einer Ø 2 mm Scheibe mit den Zwiebeln drehen.

3 Den Speck mit dem Fleisch 5 Minuten kochen und dann zu der Schwartenmasse hinzugeben.

4 Das Blut bei 35°C erwärmen und mit den übrigen Zutaten zu der Masse geben.

5 Die Därme befüllen und die Würste bei 85°C 1 Minute pro mm Durchmesser brühen.

Kartoffelwurst

10 Port. 3 Std. Mittel

Zutaten

- 450 g Schweinebauch
- 300 g gekochte Kartoffeln
- 250 g Schulter (Schwein)
- 80 g Zwiebeln, geschmort
- 20 g Pökelsalz
- 1,5 g Majoran
- 1,5 g schwarzer Pfeffer
- 0,5 g Knoblauchpulver
- 0,5 g Macis
- Schweinedarm Kal. 28/30

Nährwerte

165 kcal
5 g kh
12 g Fett
9 g Eiweiß

1 Die Kartoffeln und das Fleisch in Stücke schneiden, die für den vorhandenen Fleischwolf geeignet sind. Nun das Fleisch in einem Beutel oder Vakuum-Garer für 80 Minuten bei 75 °C garen lassen. Wichtig ist, dass das Fleisch nicht direkt im Wasser gebrüht wird, da dadurch Aroma verloren geht und sich die Masse verändert, worunter die Konsistenz leidet. In der Zwischenzeit die Gewürze fein mahlen.

2 Die geschmorte Zwiebel zusammen mit den Kartoffelstücken und dem Fleisch durch eine Lochscheibe von max. 5 mm wolfen. Anschließend wird das Brät mit den Gewürzen gründlich vermengt, bis die Masse anzieht. Ist die Masse noch nicht streichfest, etwas von der Fleischbrühe hinzugeben, bis die gewünschte Konsistenz erreicht ist. Dabei ist zu beachten, dass das Brät noch etwas durchzieht und dadurch noch ein wenig fester wird, als es jetzt ist.

3 Nun das Fleischbrät in den Darm füllen. Ist die Kartoffelwurst als Brotaufstrich gedacht, können für das Brät auch Einmachgläser genutzt werden.

4 Sofern die Wurst im Darm gebrüht wird, braucht sie bei 80 °C etwa eine halbe Stunde. Einmachgläser sollten bei 100 °C für 2 Stunden in siedendem Wasser stehen.

Wurst mit Schweinezunge

30 Port. 6 Tage Mittel

Zutaten

- 2 l Blut (Schweineblut)
- 120 g Pökelsalz
- 1500 g Rückenspeck
- 8 gepökelte Schweinezungen
- 1 l Wasser

Gewürze je kg Speck-Blut-Schwartenmasse:

- ½ TL schwarzer Pfeffer
- 1 Msp. Kümmel, gemahlen
- ½ TL Majoran, gerebelt
- ½ TL Piment
- 20 g pürierte Zwiebeln
- Kunstdarm (Kaliber 90-120)

Nährwerte

534 kcal
1 g kh
51 g Fett
16 g Eiweiß

1 Aus dem Pökelsalz und dem Wasser eine Lake herstellen. Die Schweinezungen darin 5 oder 6 Tage lang in einem Gefrierbeutel pökeln.

2 Die Zungen 40 Minuten kochen, dann abschrecken und abziehen. Die Zungen jeweils in 3 Stücke schneiden.

3 Das Blut auf eine Temperatur von 40°C erwärmen und öfter durchsieben.

4 Die Schwarten kochen und dann durch eine Ø 2 mm Scheibe wolfen. Den Speck ebenfalls kochen und klein schneiden. Dann mit heißer Kesselbrühe übergießen, die Schwartenmasse hinzufügen und alles mischen.

5 Die Zwiebeln und die Gewürze zu dem Blut geben und mit den Zungenstücken zu dem Speck geben. Alles verrühren und in die Därme füllen.

6 Die Würste bei 80°C pro mm Durchmesser eine Minute lang sieden.

Sülzwurst

30 Port. 4 Std. Leicht

Zutaten

1750 g Schweinebauch mit Schwarte
500 g roher Rückenspeck
2 Vorderhaxen
1000 g Schweineschwarte

Gewürze je kg Masse inkl. Brühe:

1 TL weißer Pfeffer
½ TL Majoran
1 Prise Ingwer
1 Msp. Koriander
½ TL Thymian
1 Msp. Piment
1 Msp. Kardamom
1 Msp. Muskat
18 g Pökelsalz

Nährwerte

486 kcal
1 g kh
42 g Fett
24 g Eiweiß

1 Die Schwarten und das Eisbein in Wasser 70 Minuten kochen.

2 Das Eisbein entbeinen. Das Eisbein, die Hälfte des Bauches, den Speck und die Hälfte der Schwarten kleinschneiden.

3 Die übrige Hälfte des Bauches durch den Fleischwolf mit der groben Scheibe drehen. Die Hälfte der Schwarten durch die feine Scheibe drehen.

4 25% der Kochbrühe dazugeben und alles mit den Gewürzen vermengen.

5 Die Masse in Gläser ¾ voll füllen und 120 Minuten in köchelndem Wasser sterilisieren.

Corned Beef

12 Port. 5 Tage Mittel

Zutaten

- 2 l Wasser
- 1 TL Zucker (je kg Fleisch)
- 9 g Maggi
- 2 Zwiebeln, halbiert
- 2 TL Pfeffer
- 2 dicke Scheiben Knollensellerie
- 1 Lauch
- 2000 g Rindfleisch, schier, ohne Sehnen, in groben Stücken
- 2 Karotten, halbiert
- 15 Gewürznelken
- 115 g Aspik (Pulver)
- 25 g Pökelsalz (je kg Fleisch)
- 1 TL Muskat

Nährwerte

492 kcal
4 g kh
32 g Fett
44 g Eiweiß

1 Das Fleisch klein schneiden und mit dem Salz und dem Zucker 4 oder 5 Tage im Kühlschrank vorsalzen (ab und zu wenden).

2 Dann mit der Lake und dem Gemüse in dem Wasser 60 Minuten lang kochen.

3 Die Hälfte des Fleisches durch einen Fleischwolf mit einer Ø 5 mm Scheibe drehen und die andere Hälfte durch eine Ø 12 mm Scheibe (hier das Messer falsch rum einsetzen).

4 Aus 1 l der Kochbrühe, dem Aspikpulver, dem Maggi, dem Pfeffer und dem Muskat eine Lösung herstellen. Dann das Fleisch hinzugeben.

5 Die Masse in Gläser geben und 1,5 Stunden einkochen. Danach langsam abkühlen lassen.

Kohlwurst

10 Port. 3 Tage Mittel

Zutaten

650 g Schweinenacken oder -schulter

300 g Schwarte oder Schweinebauch

80 g Zwiebeln

22 g Pökelsalz

2 g weißer Pfeffer

1 g frischer Ingwer

Schweinedarm Kaliber 30/32

Nährwerte

220 kcal
1 g kh
16 g Fett
18 g Eiweiß

1 Die Zwiebel häuten, vierteln und einmal allein durch die 5-mm-Lochscheibe des Fleischwolfes drehen. Das Fleisch klein schneiden, mit Salz, Pfeffer und dem geriebenen Ingwer gründlich vermengen, dann für etwa eine Stunde im Gefrierfach anfrieren lassen.

2 Das Fleisch nun ebenfalls durch die 5-mm-Lochscheibe des Fleischwolfs drehen und händisch mit der Zwiebel verkneten, bis sich die Masse etwas bindet. Dann das Fleischbrät ohne Lufteinschlüsse in den Darm füllen, dabei jeweils nach der gewünschten Länge die Wurst abdrehen.

3 Nun die Würste für ein bis zwei Tage bei 18 °C trocknen lassen und anschließen für insgesamt 18 Stunden bei 15 °C räuchern. Buchenspäne eignen sich hervorragend. Der Vorgang kann geteilt werden in zweimal 9 Stunden, wobei die Würste in der Zwischenzeit an einem kühlen Ort aufbewahrt werden sollten.

4 Vor dem Verzehr werden die Kohlwürste für 30 Minuten in den gewünschten Eintopf gelegt und ziehen dort durch.

Schwartenmagen

14 Port. 150 Min. Mittel

Zutaten

- 1000 g Schweinekopffleisch, gekocht
- 500 g Schweineschulterfleisch, gekocht
- 2 TL Koriander
- 1,5 TL Muskat
- 600 ml heiße Fleischbrühe
- 500 g Schweinebauch mit Schwarte, gekocht
- 3 Knoblauchzehen
- 67 g Pökelsalz
- 14 g Pfeffer
- 400 g Schweineschwarte
- Kunstdärme oder Gläser

Nährwerte

505 kcal
1 g kh
36 g Fett
42 g Eiweiß

1 Das magere Fleisch grob, das fette Fleisch fein schneiden.

2 Die Schwarten kochen und heiß durch eine Ø 2 mm Scheibe wolfen. Dann mit den Gewürzen in die Brühe geben und alles vermengen.

3 Das Fleisch warm hinzufügen.

4 Alles in die Därme oder Gläser geben. Die Därme bei 81°C sieden (je mm Durchmesser 1 Minute Garzeit). Die Gläser 2 Stunden einkochen.

Falsches Eisbein im Sterildarm

 3 Port.
 1 Tag
 Mittel

Zutaten

1000 g Schweinenacken (gut durchwachsen)
60 g Pökelsalz
½ TL Muskat
9 Wacholderbeeren, gequetscht
1 Lorbeerblatt
500 ml Wasser
½ TL Knoblauchpulver
1 TL weißer Pfeffer
½ TL Koriander, gemahlen
150 g Aspik Pulver (130 Bloom)
Sterildarm (Kaliber 90)

Nährwerte

554 kcal
1 g kh
39 g Fett
52 g Eiweiß

1 Lake aus Wasser und dem Salz herstellen. Wacholderbeeren und Lorbeerblatt hinzugeben und 10 Minuten köcheln lassen. Danach abkühlen lassen. Das Fleisch in grobe Stücke schneiden und in einem Gefrierbeutel mit der Lake begießen. 1 Tag lang im Kühlschrank ziehen lassen.

2 Das Aspikpulver mit den Gewürzen vermengen. Die Lake abgießen, das Lorbeerblatt und die Beeren entsorgen und das nasse Fleisch in eine Schale hineinlegen. Das Aspikpulver darauf geben und mit dem Fleisch mischen. Die Masse in den Darm füllen, dabei beachten, dass das Fleisch gepresst in die Därme gefüllt werden muss. Den Darm eng abbinden.

3 Den Darm in einen Topf legen und mit einer Wasserzugabe von maximal 50 ml pro kg Fleisch 2 Stunden lang bei 85°C brühen. Dann in kaltem Wasser abkühlen lassen. (Bei Lufteinschlüssen einfach den Knoten lösen, die Luft herausdrücken und den Darm wieder zuknoten.)

4 Den Darm mit einem Brett und Gewicht beschweren und so vollständig erkalten lassen. Den Darm nach 4 Stunden einmal umdrehen und etwas kneten.

Oldenburger Pinkel

10 Port. 1 Tag Mittel

Zutaten

450 g Schweinespeck aus dem Rücken
250 g Schweinebauch, mager
130 g Zwiebeln
130 g Hafergrütze
18 g Pökelsalz
2 g Pfeffer
2 g Muskatnuss
Schweinedarm Kal. 28/30

Nährwerte

231 kcal
8 g kh
14 g Fett
16 g Eiweiß

1 Den Speck und das Fleisch klein schneiden und im Gefrierfach für circa eine Dreiviertelstunde herunterkühlen. In der Zwischenzeit die Zwiebel klein schneiden und nach der Kühlzeit mit dem Fleisch vermengen.

2 Die Fleischmasse nun durch die 5-mm-Lochscheibe wolfen und anschließend Hafergrütze, Salz, Pfeffer und Muskatnuss gründlich unter das Brät rühren.

3 Nun das Brät in den Darm füllen und nach der gewünschten Länge abdrehen. Im Anschluss werden die fertigen Würste bei 22 bis 24 °C für 10 Stunden im Buchenrauch geräuchert.

4 Direkt vor dem Verzehr können die Pinkel dann für 20 bis 30 Minuten beispielsweise im Grünkohl durchziehen.

Blutwurst

10 Port. 4 Std. Leicht

Zutaten

1000 g Schweinenacken
2 Msp. Nelkenpfeffer
2 Zwiebeln
50 g Salz
500 g fetter Schweinebauch
500 g Schweineschwarte
1 TL Pfeffer
½ TL Gewürzmischung (Pastetengewürz)
2 Msp. Majoran
½ TL Piment

Nährwerte

534 kcal
3 g kh
40 g Fett
38 g Eiweiß

1 Die Schwarten fetten und 120 Minuten kalt wässern. Dann abgießen und zum Kochen bringen. Wenn es kocht, die Brühe abschäumen und salzen. Die Zwiebeln anbraten. Danach für 1 Stunde das Nackenfleisch, das Bauchfleisch und die Zwiebeln mitkochen. Danach das Fleisch abkühlen lassen.

2 Die Hälfte der Schwarten in 2 Durchgängen wolfen, dann mit dem Blut vermengen.

3 Die andere Hälfte, den Schweinebauch und den gekochten Schweinekamm klein schneiden, alles mischen und 15 Minuten beiseite stellen.

4 Die Schwartenmasse und die Gewürze hinzufügen und etwas Kochbrühe unterrühren. Die Masse in Gläser geben und bei ca. 97°C 1,5 Stunden einkochen.

5 Alternativ: Statt in ein Glas kann die Masse auch in einen Schweinedarm gefüllt werden. Die Wurst anschließend für 1 Stunde in einen Topf mit 80°C heißem Wasser geben. Danach für 60 Minuten in kaltes Wasser legen, trocknen lassen und zuletzt für 2-3 Stunden kalträuchern.

Kräuter-Kochwurst im Glas

5 Port. 120 Min. Mittel

Zutaten

- 800 g magerer Schweinebauch (ohne Knochen, mit Schwarte)
- ½ EL Pfefferkörner
- Etwas Muskatnuss, frisch gerieben
- 4 Pimentkörner
- 2 TL Salz
- 1 Msp. Zitronenschale
- 25 g Pistazienkerne, gehackt
- 3 Lorbeerblätter
- 2 Zwiebeln
- 1 EL Majoran, frisch gehackt
- 1 EL Thymian, frisch gehackt
- 1 TL Majoran, getrocknet
- 1 TL Thymian, getrocknet

Nährwerte

500 kcal
4 g kh
40 g Fett
25 g Eiweiß

1 Den Bauch kalt abwaschen, dann in einen Topf legen und mit Wasser begießen, bis alles bedeckt ist. Das Salz, die Lorbeerblätter, den Pfeffer und das Piment hinzufügen und die Zwiebeln im Ganzen mit hineingeben. Bei geschlossenem Deckel 60 Minuten lang köcheln lassen. Dann abkühlen lassen.

2 Den Schweinebauch in feine Scheiben schneiden und diese dann hacken. Dann im Topf bei mittlerer Hitze eine Viertelstunde schmoren lassen, dabei oft rühren.

3 Die Zwiebeln hacken und mit der Zitronenschale, dem Majoran und dem Thymian in den Topf geben. Die Muskatnuss auch dazugeben und alles mit Salz und Pfeffer abschmecken. Alles ein paar Minuten weiter schmoren lassen.

4 Die Pistazien leicht anbraten und zu dem Fleisch geben. Dann die Wurstmasse in Gläser geben und auskühlen lassen. (Im Kühlschrank maximal 3 Tage lagern oder einkochen.)

Bratwurst

Bratwurst mit Champignons

Zutaten

- 1 EL Salz
- 300 g weiße Bohnen, Dose
- 175 g Champignons
- ½ TL Cayennepfeffer
- 1 TL Kümmel, gemahlen
- 1 TL Hefeextrakt
- ½ TL Guarkernmehl
- 45 g Kichererbsenmehl
- 1 Zwiebel
- 2 TL Sonnenblumenöl
- 1 TL Majoran, getrocknet
- ½ TL Pfeffer, gemahlen
- 1 TL Piment, gemahlen
- 1 Knoblauchzehe
- ½ TL Muskatnuss, frisch gerieben

Nährwerte

541 kcal
62 g kh
19 g Fett
27 g Eiweiß

1 Den Knoblauch und die Zwiebeln hacken. Die Pilze säubern und in Scheiben schneiden.

2 Die Zwiebeln mit dem Knoblauch in Öl anbraten, dann die Pilze hinzufügen und alles 6 Minuten braten. Dann abkühlen lassen.

3 Die Pilzmischung, die Bohnen und die übrigen Zutaten, bis auf das Kichererbsenmehl, pürieren.

4 Das Mehl einrühren und alles gut durchkneten.

5 Die Masse in 4 Teile teilen und aus jedem Teil eine 15 cm lange Wurst formen. Diese dann 2 mal in Frischhaltefolie einwickeln.

6 Die Würste 1,5 Stunden im Kühlschrank lagern.

Bratwürstchen mit Schweineblut

8 Port. 90 Min. Mittel

Zutaten

1400 g Schweinenacken (keine Knochen)
300 g Schweineblut
300 g Schweineschwarte

Gewürze je kg gewolfter Masse:

19 g Zwiebeln, püriert
½ TL Piment
½ TL Majoran
2 TL Kutterhilfsmittel
19 g Pökelsalz
½ TL Kümmel
1 TL Pfeffer
Schweinedarm (Kaliber 28/30)

Nährwerte

524 kcal
1 g kh
35 g Fett
52 g Eiweiß

1 Das Fleisch kleinschneiden und 1 Stunde in den Kühlschrank stellen.

2 Die Gewürze und das Kutterhilfsmittel auf das Fleisch geben und alles mischen. Danach durch eine Ø 3 mm Lochscheibe wolfen.

3 Die Schwarten kochen und durch eine Ø 2 mm Scheibe drehen.

4 Die Masse, das Blut und die Schwarten vermischen und die Därme damit befüllen.

5 Die Würste bei 78°C pro mm Durchmesser 1 Minute lang sieden.

Klassische Bratwurst

6 Port. 30 Min. Leicht

Zutaten

1000 g Schweinefleisch
½ TL Pfeffer, gemahlen
19 g Salz
1 TL Kümmel, gemahlen
2 TL Basilikum, gerebelt
½ TL Knoblauchextrakt
½ TL Zwiebelextrakt
½ TL Muskatnuss, gemahlen
1 TL Piment
2 TL Majoran, gerebelt
2 m Naturdarm

Nährwerte

444 kcal
1 g kh
28 g Fett
45 g Eiweiß

1 Das Fleisch kleinschneiden und mit den Gewürzen vermengen. Das Fleisch durch den Fleischwolf drehen (Scheibenstärke nach Belieben).

2 Den Darm mit der Masse befüllen und einzelne Würste abdrehen.

Puten-Griller

4 Port. 2 Std. Leicht

Zutaten

- 1000 g Putenfleisch
- 100 g Speck
- 1 TL Meersalz, grob
- ¼ Bund Schnittlauch
- Etwas Rosmarin
- 1 TL Pfeffer, bunte Körner
- 2 Knoblauchzehen
- 1 Ei
- Öl
- Etwas Majoran
- ¼ Bund Petersilie
- ½ Pck. Feta
- 1 Zwiebel
- Etwas Basilikum
- Därme

Nährwerte

496 kcal
1 g kh
22 g Fett
66 g Eiweiß

1 Das Fleisch 1 Stunde in den Kühlschrank stellen. Dann mit dem Speck durch die Ø 4,5 mm Scheibe wolfen.

2 Die Zwiebeln hacken und in etwas Öl anbraten. Den Knoblauch hacken und mit dem Meersalz, dem Oregano, dem Pfeffer, dem Majoran, dem Basilikum und dem Rosmarin mörsern.

3 Den Feta kleinschneiden und die Petersilie und den Schnittlauch hacken.

4 Alle Zutaten vermengen und die Masse 30 Minuten ins Gefrierfach stellen. Dann in Därme abfüllen, die Enden verknoten.

Grobe Bratwurst

Zutaten

500 g Schweinebauch, ohne Schwarte

500 g Schweinefleisch, Schulter

Gewürze je kg Brät:

- 1 TL weißer Pfeffer
- ½ TL Koriander
- 1 Knoblauchzehe
- ½ TL Muskat
- 17 g Salz
- 95 ml Mineralwasser mit Kohlensäure
- Därme (Kaliber 28/30)

Nährwerte

470 kcal
1 g kh
35 g Fett
35 g Eiweiß

1 Das Fleisch 1 Stunde ins Gefrierfach stellen. Dann einschneiden und mit den Gewürzen mischen.

2 Das Fleisch mit einer Ø 3,5 mm Scheibe wolfen und eine Weile kneten.

3 Die Därme befüllen und 2 Stunden lang ruhen lassen.

Merguez

2 Port. 2 Std. Mittel

Zutaten

- 750 g Lammkeule (enthäutet und entfettet)
- 14 g Salz
- 1 Msp. Kreuzkümmel, gemahlen
- 120 ml Wasser
- 1 Msp. Ingwer
- ½ TL Zimt
- 3 Knoblauchzehen
- 1 Msp. Koriander, gemahlen
- 2 Prisen Oregano, gemörsert
- 1 Msp. Macis
- 2,5 TL Paprikapulver, edelsüß
- 1 Msp. Kardamom
- 1 TL Chiliflocken
- ½ TL schwarzer Pfeffer, gemahlen
- 1 Msp. Piment
- Darm Schafsaitling (Kaliber 20)

Nährwerte

600 kcal
4 g kh
35 g Fett
66 g Eiweiß

1 Das Wasser für eine halbe Stunde ins Gefrierfach stellen.

2 Etwas von dem Salz abnehmen, den Knoblauch pressen und beides vermengen.

3 Das Fleisch in grobe Stücke schneiden, die Gewürze untermischen und alles durch die feine Scheibe des Fleischwolfs drehen.

4 Den Knoblauch hinzufügen, dann das Eiswasser einarbeiten.

5 Die Masse in eine Schale geben, mit Folie abdecken und 60 Minuten an einem kühlen Ort ziehen lassen.

6 Die Saitlinge in Wasser einlegen und den Darm ab und zu spülen. Dann ausstreifen und Würste von 10 cm Länge abfüllen und abbinden.

7 Etwas Fett in einer Pfanne erhitzen und die Würste kurz braun anbraten.

Spinat-Emmentaler-Griller

6 Port. 60 Min. Mittel

Zutaten

500 g Schweinebauch
1,5 TL Kutterhilfsmittel
½ TL Knoblauchpulver
17 g Salz
45 g Mineralwasser
500 g Schweinefleisch (Bug)
1 TL schwarzer Pfeffer, gemahlen
½ TL Koriander, gemahlen
40 g Spinat
Saitlinge (Kaliber 26/28)
50 g Emmentaler, gerieben

Nährwerte

505 kcal
1 g kh
38 g Fett
38 g Eiweiß

1 Das Fleisch in grobe Stücke schneiden, die Gewürze hinzufügen und durch eine Ø 3,5 mm Scheibe wolfen.

2 Die Masse flach ausdrücken und den Käse, den Spinat und das Wasser in die Masse kneten.

3 Alles durch die Ø 8 mm Scheibe wolfen. Danach die Masse in die Saitlinge geben und bei 75°C pro mm Durchmesser 1 Minute lang brühen.

Rinderbratwurst

7 Port. 3 Std. Mittel

Zutaten

750 g Rindfleisch (ohne Sehnen, Knochen und Fett)
1 TL Pfeffer
1 TL Knoblauch
1 Msp. Thymian, getrocknet
2 Msp. Traubenzucker
250 g Schweinerückenspeck
15 g Salz
1 Msp. Chiliflocken
2 TL Apfelessig
½ TL Paprikapulver, edelsüß
Schweinedarm (Kaliber 28/30)

Nährwerte

490 kcal
1 g kh
34 g Fett
40 g Eiweiß

1 Den Speck und das Fleisch in Stücke schneiden und 2 Stunden ins Gefrierfach stellen.

2 Den Speck und ¼ des Rindfleischs durch einen Fleischwolf mit einer Ø 3 mm Scheibe drehen.

3 Das übrige Fleisch durch eine Ø 4 mm Scheibe mahlen.

4 Die gesamten Zutaten mischen und alles verkneten. Dann in die Därme füllen.

Nürnberger

50 Port. 180 Min. Leicht

Zutaten

- 6000 g Brät (Aufschnitt-brät)
- 2000 g Schweinefleisch (5 % Fett)
- 71 g Nitrit Pökelsalz
- 2 Msp. Ingwer
- 1 TL Koriander
- 2000 g Schweinebauch (ohne Schwarte)
- 2 TL Pfeffer
- ½ TL Macis
- 2 TL Majoran, gerebelt
- Kranzdärme (Kaliber 40/43)

Nährwerte

565 kcal
1 g kh
48 g Fett
32 g Eiweiß

1 Den Bauch und das Fleisch durch die Ø 10 mm Scheibe drehen. Dann die Gewürze und das Salz einarbeiten.

2 Das Fleisch mit dem Aufschnittbrät mischen.

3 Die Därme mit der Masse befüllen und 45 Minuten bei 65°C 1 Stunde lang heiß räuchern. Dann bei 70°C eine weitere halbe Stunde lang räuchern.

Bratwurst aus Entenfleisch

2 Port. 60 Min. Mittel

Zutaten

- 9 g Oregano, frisch
- 1 TL Majoran, frisch
- 1 TL Sumac
- 700 g Entenfleisch (mit Haut)
- 1 TL Salz
- 1,5 TL Chili
- 1 TL Koriandersamen
- 1 TL Szechuanpfefferkörner
- 3 m Ziegendarm

Nährwerte

460 kcal
1 g kh
20 g Fett
62 g Eiweiß

1 Die Knochen und die Haut am Fleisch entfernen. Den Darm in Wasser einlegen.

2 Das Fleisch mit dem Majoran und dem Oregano mischen.

3 Die Koriandersamen und die Pfefferkörner wenige Minuten in einer Pfanne anbraten, danach mörsern.

4 Die gesamten Gewürze unter das Fleisch geben und durch den Fleischwolf drehen. Die Masse in die Därme geben und alle 11 cm abbinden.

5 Die Würste 7-9 Minuten in siedendem Wasser kochen. Danach können sie gebraten werden.

Rostbratwurst

12 Port. 45 Min. Leicht

Zutaten

500 g fetter Schweinerü- ckenspeck
3 Knoblauchzehen
2 Eier
Saft von 1 Zitrone
4 TL Majoran
1500 g Schweinenacken
17 g Salz
100 ml Milch
1 TL Pfeffer
2 Zwiebeln
Schweinedarm

Nährwerte

490 kcal
3 g kh
34 g Fett
40 g Eiweiß

1 Den Speck und das Fleisch durch die grobe Scheibe des Fleischwolfs drehen.

2 Die Eier, die Milch und die Gewürze untermischen und die Därme in heißes Wasser legen und am Ende einen Knoten machen.

3 Die Masse in die Därme geben und dabei langsam drehen. Nach 18-19 cm abdrehen. Die Würste gleich grillen oder einfrieren.

Salsicia Italiana

5 Port. | 4 Std. | Leicht

Zutaten

- 100 ml Weißwein
- 1 TL Fenchelsamen
- 1000 g Schweinehack-fleisch
- 1 TL Pfeffer
- 14 g Salz
- Lammdärme (Saitling)

Nährwerte

534 kcal
1 g kh
40 g Fett
34 g Eiweiß

1 Die Därme in Wasser einweichen lassen.

2 Alle Zutaten 5 Minuten kneten. Dann in die Därme geben und 3,5 Stunden ziehen lassen. Die Würste grillen oder in Olivenöl braten.

Paprika-Grillwurst

6 Port. 60 Min. Leicht

Zutaten

800 g mageres Schweinefleisch
24 g Salz
1 TL schwarzer Pfeffer, gemahlen
10 g Paprikapulver, edelsüß
200 g Schweinebauch mit Fleisch
1 TL Knoblauch, frisch
Dünne Schweinedärme

Nährwerte

455 kcal
1 g kh
30 g Fett
42 g Eiweiß

1 Den Knoblauch hacken. Dann mit dem Bauch und dem Fleisch durch eine Ø 4,5 mm Scheibe drehen.

2 Die übrigen Zutaten hinzufügen, gut mischen und in die Därme füllen. Die Würste nach ca. 24 cm abdrehen.

3 Die Würste entweder 3 Tage lang kalt räuchern oder direkt grillen.

Pikante Bratwurst aus Lammfleisch

6 Port. | 1 Tag | Mittel

Zutaten

- 1000 g Lamm (aus der Keule)
- 1 TL weißer Pfeffer
- ½ TL Limettenschale
- 1 TL Paprikaflocken
- 19 g Meersalz
- 1 TL roter Chili, frisch
- 2 Knoblauchzehen
- 1 TL Minze
- Darm (Kaliber 28-30)

Nährwerte

472 kcal
1 g kh
32 g Fett
40 g Eiweiß

1 Das Fleisch in grobe Stücke schneiden. Die Minze, den Knoblauch und den Chili kleinschneiden.

2 Die übrigen Zutaten mörsern. Dann alles vermengen und über Nacht kühl lagern.

3 Die Fleischmasse in 2 Durchgängen wolfen und die Därme befüllen. Die Würstchen direkt grillen oder braten.

Currywurst

6 Port. 45 Min. Leicht

Zutaten

1000 g Schweinebauch
½ TL Ingwer, roh
1 Knoblauchzehe
21 g Salz
2,5 TL scharfes Currypulver
1,5 TL mildes Currypulver
1 TL weißer Pfeffer, gemahlen
1 kl. Bund Schweinedünndärme (Kaliber 24-28)

Nährwerte

498 kcal
1 g kh
42 g Fett
25 g Eiweiß

1 Das Fleisch durch die feine Scheibe wolfen.

2 Den Knoblauch hacken und mit dem Salz mischen. Den Ingwer reiben und mit dem Knoblauch und den anderen Gewürzen vermengen.

3 Die Gewürzmischung mit dem Fleisch mischen und alles in die Därme abfüllen.

Schlesische Bratwurst

15 Port. 140 Min. Schwer

Zutaten

- 1 kg Kalbsfleisch (Schulter)
- 500 g Schweinefleisch (Rücken)
- 250 g Schweinerückenspeck (grüner Speck)
- 4 g gemahlener weißer Pfeffer
- 4 g gemahlene Muskatblüte
- abgeriebene Schale einer Bio-Zitrone
- 35 g Salz
- 100 ml Fleischbrühe, kräftig
- 400 ml Milch
- 5 m Saitling (Kaliber 30-32)

Nährwerte

215 kcal
3 g kh
16 g Fett
20 g Eiweiß

1 Den Saitling in lauwarmem Wasser spülen und 2 Stunden einweichen. Das Fleisch von Sehnen und Knorpeln befreien, in ca. 2 cm große Würfel schneiden und kaltstellen.

2 Das Fleisch salzen und zweimal durch eine Ø 2 mm Lochscheibe drehen. Anschließend mit Pfeffer, Muskat, Zitronenabrieb, Fleischbrühe und Milch vermengen und mit Knethaken so lange durcharbeiten, bis eine klebende Masse entsteht.

3 Das Brät in den Darm füllen und nach jeweils 20 cm abdrehen.

4 In einem Topf Wasser auf 45°C erhitzen und die Würste hineinlegen. Dann langsam die Temperatur auf 75 - 80°C erhöhen und die Würste 45 Minuten brühen.

5 Anschließend die Würste mit einer Schaumkelle herausheben und in eiskaltem Wasser abkühlen lassen. Zuletzt mit Küchenpapier trockentupfen.

Schinken

Lachsschinken

6 Port. 19 Tage Mittel

Zutaten

60 g Honig
1000 g Schweinefleisch (Schweinelachse)
½ TL schwarzer Pfeffer, gemahlen
40 g Pökelsalz
2 Msp. Korianderpulver
2 Beutel Glühweingewürz
1 Lorbeerblatt, gemahlen

Nährwerte

472 kcal
8 g kh
28 g Fett
45 g Eiweiß

1 Die Gewürze mischen und das Fleisch damit einreiben. Den Honig leicht erhitzen und auf das Fleisch geben.

2 Das Fleisch in Frischhaltefolie wickeln und 2 Wochen in einer Vakuumtüte im Kühlschrank ziehen lassen.

3 Den Schinken abwaschen und 2 Tage lagern, damit er trocknen kann.

4 Zum Schluss den Schinken in 2 Durchgängen räuchern, dann nochmal 3 Tage trocknen lassen.

Nussiger Schinken

5 Port. 5 Wo. Leicht

Zutaten

1000 g mageres Schweinefleisch (Nuss)

Gewürze je kg Fleisch:

- ½ TL schwarzer Pfeffer, zerstoßen
- 2 Msp. Koriander, gemahlen
- 40 g Pökelsalz
- 2 Msp. Knoblauchpulver
- 5 Wacholderbeeren, zerstoßen
- 2 Msp. Rosmarin, getrocknet
- ½ TL brauner Rohrzucker

Nährwerte

500 kcal
1 g kh
31 g Fett
50 g Eiweiß

1 Die Gewürze vermengen und gleichmäßig auf das Fleisch geben.

2 Das Fleisch in einen Gefrierbeutel legen, eng zumachen und 13 Tage bei 6-10°C lagern. Jeden 2. Tag etwas massieren und umdrehen.

3 Das Fleisch herausnehmen, abspülen und dabei darauf achten, dass ein paar der Gewürze am Fleisch haften bleiben. Dann abtupfen und 3 Tage bei 13-14°C aufhängen, damit das Fleisch trocknen kann.

4 Jeden oder jeden 2. Tag das Fleisch 6 Stunden räuchern, bis der Schinken die gewünschte Farbe hat. Insgesamt sollten es 4 mal 6 Stunden sein.

5 Den Schinken bei 11-15°C und einer Luftfeuchtigkeit von 60% aufhängen, damit er reifen kann. Zuletzt in einem Vakuumbeutel 10 Tage bei 7-11°C lagern.

Gewürzschinken

2 Port. 27 Tage Mittel

Zutaten

- 19 g Meersalz
- 1 TL Pfeffer
- 1000 g Schweinerücken mit etwas Speck
- 2 Msp. Knoblauchpulver
- 1 Lorbeerblatt
- ½ TL Wacholderbeeren
- ½ TL Rosmarin, getrocknet
- 2 Msp. Kümmel
- 19 g Pökelsalz
- ½ TL brauner Zucker
- ½ TL Koriander, getrocknet

Nährwerte

618 kcal
6 g kh
20 g Fett
104 g Eiweiß

1 Alle Gewürze mörsern und dann das Fleisch damit einreiben. Danach in einen Gefrierbeutel legen und 2 Wochen im Kühlschrank lagern. Immer nach 2 Tagen das Fleisch wenden und ein wenig durchkneten.

2 Das Fleisch in etwas Wasser in einer Schale schwenken und danach abtupfen.

3 Nun das Fleisch bei ca. 14°C und einer Luftfeuchtigkeit von 58% aufhängen, damit es trocknen kann.

4 Dann den Schinken 3 Tage lang jeweils 6 Stunden kalt räuchern. Zum Schluss den Schinken in Vakuumtüten 11-13 Tage reifen lassen (je länger er reift, desto trockener wird der Schinken).

Klassischer Schinken

8 Port. 11 Tage Leicht

Zutaten

1 l Wasser
1500 g Schweinefleisch (Schulter)
100 g Pökelsalz
4 TL Rotwein
2 Lorbeerblätter
1 EL Zucker
2 Nelken
1 Knoblauchzehe

Nährwerte

508 kcal
1 g kh
32 g Fett
50 g Eiweiß

1 Das Wasser zum Kochen bringen und leicht abkühlen lassen.

2 Den Knoblauch hacken und mit den Gewürzen und dem Pökelsalz in das Wasser geben, sodass eine Lake entsteht. Die Lake abkühlen lassen.

3 Das Stück Fleisch in eine passende Form legen und mit der Lake begießen, so dass das Fleisch komplett bedeckt ist. Das Fleisch so 9 Tage kühlstellen.

4 Das Fleisch aus der Lake nehmen und in eine andere Form (mit Deckel) legen. Wasser zum Kochen bringen, die Form ein paar Minuten hinein stellen und dann die Temperatur auf 78°C verringern. Das Fleisch darin 2,5-3 Stunden ziehen lassen.

5 Die Form dann in kaltem Wasser 3 Stunden lang auskühlen lassen. Dann ungeöffnet 1 Tag im Kühlschrank ruhen lassen. Danach herausnehmen und den Schinken anschneiden.

Burgunderschinken

7 Port. 12 Std. Leicht

Zutaten

- 64 g Pökelsalz
- 1200 g Schweinenuss
- 1 TL brauner Zucker
- 1 Lorbeerblatt
- 400 ml Wasser
- ¼ l Rotwein
- 1 TL Wacholdernadeln
- 4 TL Buchenmehl
- 4 Wacholderbeeren
- 1 TL schwarze Pfefferkörner

Nährwerte

490 kcal
1 g kh
28 g Fett
46 g Eiweiß

1 Den Zucker und das Salz in das Wasser geben und auflösen lassen. Mithilfe einer Marinierspritze die Hälfte dieser Lake in 2-3 cm Abständen in das Fleisch spritzen. Die übrige Lake und den Wein mit dem Fleisch in einen 3 l Gefrierbeutel tun und in der Nacht im Kühlschrank lassen.

2 Das Fleisch heraus nehmen, abtupfen und 60 Minuten an der Luft trocknen lassen. Alufolie in einem Wok ausbreiten und vorheizen. Die Nadeln und das Mehl hineingeben und ein Prallblech und Gitter darauf legen.

3 Das Fleisch auf das Gitter geben, den geschlossenen Wok auf ca. 70°C erhitzen und das Fleisch eine halbe Stunde so räuchern.

4 Wenige Minuten vor Ende der Zeit die noch übrig gebliebene Lake mit 1000 ml Wasser, dem Lorbeerblatt, den Beeren und dem Pfeffer in einem Topf auf 80°C erhitzen. Das Fleisch vom Gitter herunternehmen und in den Sud im Topf hineinlegen. Bei 80°C 70 Minuten brühen.

Schinken Schwarzwälder Art

5 Port. 9 Tage Mittel

Zutaten

- 1 kg Schweinefleisch (mit oder ohne Schwarte, Unterschale)
- 3 g Wacholderbeeren
- 3 g Piment
- 3 g schwarzer Kampotpfeffer
- 3 g Knoblauchpulver
- 3 g kümmelpulver
- 5 g brauner Zucker
- 3 g Senfkörner
- 1 Lorbeerblatt
- 35 g Pökelsalz (0,5% Nitrit)

Nährwerte

411 kcal
2 g kh
24 g Fett
50 g Eiweiß

1 Hände gründlich waschen, damit keine Keime ins Fleisch gelangen. Das Fleisch parieren. Senfkörner im Mörser aufbrechen und mit den übrigen Gewürzen und dem Salz vermengen. Das Fleisch mit der Gewürz-Salz-Mischung einreiben und im Vakuumbeutel versiegeln. Je Zentimeter Dicke mindestens zwei Tage in den Kühschrank legen. Ideal ist eine Pökelzeit von 6 Wochen.

2 Das Fleisch auspacken, die Gewürze unter fließend Wasser abreiben und freihängend in den Kühlschrank geben. Dort pro Zentimeter Dicke einen halben Tag aufbewahren.

3 Anschließend das Fleisch zum Trocken bei ungefähr 12-18°C und ca. 85% Luftfeuchtigkeit aufbewahren. Ein leichter Luftzug sollte vorhanden sein, da sich sonst Schimmel bilden könnte. Bei zu starkem Luftzug trocknet das Fleisch allerdings aus.

4 Fühlt sich die Oberfläche des Schinkens trocken an, kann geräuchert werden. Hierzu fünf mal 6-8 Stunden bei 27°C räuchern, am besten im Buchenrauch mit aufgelegten Tannenzapfen und getrockneten Weinreben. Zwischen den Räuchergängen jeweils ca. 10-stündige Pausen einlegen.

5 Nach dem Räuchern das Fleisch bei 12-18°C zwei Tage ablüften lassen. Um eine lange Haltbarkeit zu garantieren, sollte der Schinken mindestens 30% seines ursprünglichen Gewichts verloren haben.

Rindersaftschinken

8 Port. 6 Tage Schwer

Zutaten

- 1 kg Rindfleisch (Semerrolle)
- 2 Lorbeerblätter
- 8 Wacholderbeeren
- 2 TL Pfeffer, weiß
- 1 TL Knoblauchpulver
- 2 EL Honig
- 3 Zwiebeln
- 130 g Pökelsalz (0,5% Nitrit)
- 2 l Wasser

Nährwerte

316 kcal
2 g kh
25 g Fett
30 g Eiweiß

1 Einen Tag vor dem Pökeln die Lake zubereiten. Hierzu zunächst die Zwiebeln grob hacken und die Wacholderbeeren mit einem Löffel etwas zerquetschen. Dann alle Zutaten, bis auf das Fleisch, in einem Topf geben und für 4 Minuten köcheln lassen. Die Lake über Nacht kalt stellen.

2 Am nächsten Tag das Fleisch parieren und von überschüssigem Fett und Sehnen befreien. Mit einer Marinierspritze alle 2 cm in das Fleisch stechen und Lake einspritzen, bis das Fleischgewicht um etwa 30% gestiegen ist.

3 Das Fleisch in einem Behälter in die restliche Lake einlegen und für 3 Tage in den Kühlschrank stellen.

4 Nach dem Pökeln das Fleisch herausnehmen und trockentupfen. Bei 80°C für 4 Stunden räuchern, dann vakuumieren und in einem Wasserbad bei 70°C 3 Stunden ziehen lassen.

5 Danach das Fleisch im Vakuumbeutel für 2 Tage in den Kühlschrank geben. Anschließend ist der Schinken verzehrfertig.

Wild

Salami aus Wildschweinfleisch

 4 Port.
 14 Tage
 Mittel

Zutaten

- 600 g mageres Wildschweinfleisch
- 1,5 TL Zucker
- 2 TL grüne Pfefferkörner
- 2 Msp. Muskat, gerieben
- ½ TL schwarzer Pfeffer, gemahlen
- ½ TL Paprikapulver, scharf
- 1 Msp. Koriander, gemahlen
- 22 g Nitrit Pökelsalz
- 1 Msp. Kümmel, gemahlen
- 400 g Schweinebauch (ohne Schwarte)
- 19 ml Weinbrand
- 3 TL Senfkörner
- ½ TL Knoblauchpulver, granuliert
- Schweinedärme (Kaliber 26/28)

Nährwerte

480 kcal
1 g kh
30 g Fett
48 g Eiweiß

1 Das Fleisch 2 Stunden in den Kühlschrank stellen und die Gewürze, bis auf die Pfeffer- und Senfkörner, mischen.

2 Das Fleisch klein schneiden und mit den Gewürzen vermengen.

3 Das fette Fleisch durch die Ø 4,5 mm Scheibe wolfen, das magere Fleisch durch die Ø 3 mm Scheibe.

4 Die Körner hinzugeben und die Masse gut kneten. Dann in die Därme füllen und 2 Wochen trocknen lassen (evtl. in mehreren Durchgängen kalt räuchern).

Bratwurst aus Hirschfleisch

4 Port. 90 Min. Mittel

Zutaten

300 g fetter Schweinebauch
100 ml Rotwein, trocken
2 TL Gelee (Johannisbeere)
½ TL Rosmarin
700 g Hirschfleisch
19 g Salz
2 Msp. Thymian
1 Knoblauchzehe
1 Zwiebel
1 Prise Kardamom
5 Wacholderbeeren, zerstoßen
½ TL weißer Pfeffer
Bratwurstdarm, Öl

Nährwerte

445 kcal
3 g kh
24 g Fett
48 g Eiweiß

1 Den Knoblauch und die Zwiebel hacken und in Öl leicht anbraten. Dann in den Kühlschrank stellen.

2 Die Därme in Wasser einlegen und ab und zu spülen.

3 Das Fleisch kleinschneiden, durch die Ø 4,5 mm Scheibe des Fleischwolfes drehen und die Gewürze unterrühren. Das Gelee und den Wein auch hinzufügen und alles 5 Minuten lang kneten.

4 Das Brät 30 Minuten kühl lagern. Danach in die Därme füllen und in beliebiger Länge abdrehen.

Wildpastete

7 Port. 90 Min. Leicht

Zutaten

750 g fettes Wildschweinfleisch (Schulter)
3,5 Zwiebeln
Salz, Pfeffer
4 Knoblauchzehen, gehackt
240 ml Rotwein
350 g Preiselbeeren
750 g Wildleber
115 g Gelierzucker
3 EL Majoran, getrocknet
Öl zum Braten
75 g Zucker
2 TL Wacholderbeeren, gehackt

Nährwerte

510 kcal
56 g kh
8 g Fett
44 g Eiweiß

1 Die Zwiebeln und die Leber in schmale Streifen schneiden und mit dem Knoblauch in Öl anbraten.

2 Das Fleisch mit den Wacholderbeeren, Salz, Pfeffer und Majoran würzen und bei 195°C 60 Minuten backen. Danach auskühlen lassen und faschieren.

3 Das Fleisch gut abschmecken, in Gläser umfüllen und diese verschlossen im Dämpfer 3 Minuten lang bei 88°C pochieren.

4 Den Zucker, den Wein und die Preiselbeeren kochen, dann den Gelierzucker hinzugeben, alles abkühlen lassen und zu der Pastete servieren.

Wildschwein Schinken

2 Port. 7 Wo. Mittel

Zutaten

- 35 g Pökelsalz
- 1000 g Wildschwein (aus Hinterschinken)
- 1 TL schwarzer Pfeffer, gemahlen
- ½ TL Rosmarin
- Etwas Rum
- 1 Msp. Nelkenpulver
- ½ TL Knoblauchpulver
- ½ TL Puderzucker
- ½ TL Wacholderbeeren, zerdrückt

Nährwerte

610 kcal
1 g kh
16 g Fett
106 g Eiweiß

1 Das Fleisch mit dem Rum einreiben und 60 Minuten ziehen lassen.

2 Die übrigen Zutaten vermengen und das Fleisch damit einreiben. Dann in eine Vakuumtüte legen und mit etwas Luft in der Tüte 3 Wochen lang pökeln.

3 Das Fleisch mit Wasser abspülen, trockentupfen und nochmal mit dem Rum einreiben. Dann 2 Tage trocknen lassen.

4 Das Fleisch in 6 Durchgängen jeweils 20 Stunden kalt räuchern. Dann weitere 3-4 Wochen lagern.

Wildschwein Leberwurst

8 Port. 60 Min. Mittel

Zutaten

- 2 TL Wacholderbeeren
- 500 g Schweinebauch
- 2 Bund Majoran
- 1 TL Pfeffer
- 500 g Wildschweinleber
- 400 g Zwiebeln, klein geschnitten
- 4 TL Schweineschmalz
- 1,5 EL Salz
- 500 g Schweineschulter

Nährwerte

500 kcal
7 g kh
32 g Fett
42 g Eiweiß

1 Den Schmalz und die Zwiebeln anbraten.

2 Die Sehnen am Fleisch und an der Leber entfernen und beides in grobe Stücke schneiden. Beides mit dem Majoran, den Zwiebeln und den Wacholderbeeren wolfen und Salz und Pfeffer hinzufügen.

3 Die Masse in Gläser geben und den Deckel darauf setzen. Die Gläser 1 Stunde in einem Topf mit Wasser einkochen.

Wild Rillettes

7 Port. 1 Tag Mittel

Zutaten

1000 g Rehfleisch
400 ml Wildfond
1 Zwiebel
120 g + 2 EL Gänseschmalz
1 Msp. Piment
2 Thymianzweige
3 Steinpilze, getrocknet und pulverisiert
500 g Schweinenacken
350 ml Weißwein, trocken
2 Karotten
1 Msp. Muskat
Salz und Pfeffer
2 Knoblauchzehen

Nährwerte

525 kcal
3 g kh
32 g Fett
46 g Eiweiß

1 Das Fleisch kleinschneiden und mit Pfeffer und Salz würzen. Die Zwiebeln, die Karotten und den Knoblauch hacken.

2 Das Gänseschmalz in eine Pfanne geben und das Fleisch darin anbraten. Das Wildfond und den Wein mit hineingeben. Danach auch das Gemüse, das Steinpilzpulver und den Thymian dazugeben. Alles mit geschlossenem Deckel 2-3 Stunden köcheln lassen. In der Nacht erkalten lassen.

3 Die Zweige entfernen und das Fleisch mithilfe von Gabeln zerrupfen.

4 Das Fleisch mit Muskatnuss, Salz, Piment und Pfeffer abschmecken und in Gläser geben.

Hirschsalami

3 Port. 30 Tage Mittel

Zutaten

- 800 g Hirschfleisch
- ½ TL schwarzer Pfeffer, gemahlen
- 2,5 TL Paprikapulver, edelsüß
- 24 g Salz
- 200 g Schweinebauch mit Fleisch
- ½ TL Knoblauch, frisch
- Schweinedünndärme

Nährwerte

486 kcal
1 g kh
24 g Fett
66 g Eiweiß

1 Den Knoblauch hacken und mit dem Fleisch und dem Bauch durch die Ø 4,5 mm Scheibe wolfen. Dann gut durchkneten und 1 Tag lang im Kühlschrank ruhen lassen.

2 Die Masse nochmal durchkneten und in die Därme geben. Die Würste sollten 26-28 cm lang sein.

3 Die Würste langsam so lange räuchern, bis sie eine hellrote Farbe bekommen.

4 Die Würste 1 Monat zum Trocknen aufhängen.

Vegetarische Würstchen

Veggie Bratwurst

2 Port. 80 Min. Mittel

Zutaten

350 ml Wasser
28 g Hefeflocken
5 EL Öl
4 EL Sojasoße
½ EL Knoblauchpulver
1 Msp. Zucker
1 EL Salz
5 EL Tomatenmark
2 EL Paprikapulver
2 Msp. Pfeffer
300 g Seitanmehl
2 Msp. Kreuzkümmel
½ EL Senf

Nährwerte

622 kcal
58 g kh
35 g Fett
18 g Eiweiß

1 Die Hefeflocken, das Paprikapulver, das Mehl, Salz und Pfeffer, das Zwiebelpulver, den Kümmel und den Knoblauch vermengen. Außerdem das Öl, die Sojasoße, das Wasser, den Senf und das Tomatenmark anrühren. Dann beides mischen und verkneten.

2 Aus der Masse 11 - 12 Würste formen, die 2 cm dick sind. Die Würste zuerst einzeln in Backpapier und dann zusammen in Alufolie einwickeln.

3 Die Würste für gut 45 Minuten bei 175°C backen. Dann den Ofen ausschalten und die Würste eine Viertelstunde im geschlossenen Ofen lassen. Schließlich herausnehmen und aus der Folie wickeln.

Veggie Pinkel

3 Port. 20 Min. Leicht

Zutaten

- 120 g Hafergrütze
- Etwas Piment
- 120 g Schmalz (pflanzlich)
- 1,5 Zwiebeln, klein geschnitten
- Salz und Pfeffer
- Evtl. Rauchsalz

Nährwerte

515 kcal
30 g kh
42 g Fett
6 g Eiweiß

1 Die Zwiebeln, den Schmalz und die Grütze kneten und die Gewürze einarbeiten.

2 Den Teig in ein Nesseltuch geben (darauf achten, dass nach oben hin etwas Platz ist) und zubinden.

3 Den Beutel garen.

Italienischer Seitanaufschnitt

Zutaten

- 400 g Cannellini Bohnen, Dose
- 250 g Seitanmehl
- 2 TL Tomatenmark
- ½ EL Thymian
- 1 TL Salz
- 195 ml Gemüsebrühe
- ½ EL Oregano
- ½ EL Paprikapulver, edelsüß
- 1 TL Chiliflocken
- 4 EL Hefeflocken
- ½ EL Flüssigrauch
- 2 EL Sojasoße
- 1 TL Knoblauchpulver

Nährwerte

526 kcal
76 g kh
4 g Fett
35 g Eiweiß

1 Das Mehl, die Gewürze und die Hefeflocken vermengen.

2 Die Bohnen sieben und mit den übrigen Zutaten mixen. Dann mit der Mehl-Mischung verkneten.

3 Den Teig in 2 Teile teilen und 2 Würste daraus formen. Diese eng in Alufolie wickeln und die Enden verschließen.

4 Die Würste 60 Minuten in Wasserdampf garen, nach 30 Minuten umdrehen. Anschließend abkühlen lassen.

Oliven-Wurst

2 Port. 60 Min. Mittel

Zutaten

200 g Gluten
1 Zwiebel
200 ml Wasser
7 Oliven
Knoblauchpfeffer
2 TL Tomatenmark
2 getrocknete Tomaten
Salz
Rosmarin, frisch
Zwiebelgranulat

Nährwerte

430 kcal
20 g kh
4 g Fett
82 g Eiweiß

1 Die Tomaten, die Zwiebel und die Oliven kleinschneiden oder mixen. Den Knoblauchpfeffer, den Rosmarin, das Salz, das Zwiebelgranulat und das Gluten vermengen und das Tomatenmark und die Oliven-Mischung dazugeben. Das Wasser unterrühren, sodass ein Teig entsteht.

2 Den Teig in 3 Stücke teilen und jedes in Alufolie zu einer Wurst rollen. Die Enden abschnüren.

3 Die Würste in Wasserdampf ungefähr 40 Minuten garen. Der Topf muss 3 cm hoch mit Wasser gefüllt sein.

4 Die Würste erkalten lassen und im Kühlschrank aufbewahren.

Seitan-Tofu-Wurst

5 Port. 100 Min. Mittel

Zutaten

- 400 g Seitanmehl
- 1 EL Senf
- 150 g Tomatenmark
- 1 EL Paprikapulver
- ½ EL Knoblauchpulver
- 8 EL Sonnenblumenöl
- 2 Msp. Kreuzkümmel
- 2 EL Salz
- 4 EL Sojasoße
- 2 Msp. Pfeffer
- 45 g Hefeflocken
- 200 g Tofu
- 1 Zwiebel, gehackt
- 2 Tassen Wasser

Nährwerte

540 kcal
54 g kh
26 g Fett
20 g Eiweiß

1 Das Mehl, die Gewürze, die Hefeflocken und die Zwiebel vermengen. Die übrigen Zutaten, außer das Wasser, ebenfalls vermengen und mit einem Stampfer zerdrücken. Dann mit dem Wasser mixen. Beide Mischungen verrühren.

2 Aus der Masse eine Wurst von 14 cm formen, in ein Stück Backpapier wickeln und dann mit Alufolie einwickeln. Die Wurst auf einem Ofengitter platzieren.

3 Die Wurst 45 Minuten bei 180°C backen, danach den Ofen ausschalten und eine weitere Viertelstunde im geschlossenen Ofen ruhen lassen.

Sojabratwurst

1 Port. 90 Min. Mittel

Zutaten

- 250 ml Gemüsebrühe
- 100 g Glutenpulver
- 2 TL Kümmel, gemahlen
- 1 TL Paprikapulver
- 1 Zwiebel
- 2 TL Senf, mittelscharf
- 38 g Sojagranulat
- ½ TL Pfeffer
- 1 TL Knoblauch, granuliert
- 2 TL Sojamehl
- 3 EL Speisestärke
- 1 TL Majoran, getrocknet
- ½ EL Salz
- ½ EL Majoran, getrocknet
- ½ TL Hefeextrakt
- ½ EL gelbe Senfkörner

Nährwerte

552 kcal
29 g kh
6 g Fett
107 g Eiweiß

1 Die Zwiebel kleinschneiden. Die Brühe erwärmen und die Zwiebel und das Sojagranulat hineingeben. Bei geringer Hitze 15 Minuten garen.

2 Den Hefeextrakt und den Senf zu der Sojabrühe geben und die Stärke, das Mehl und die Gewürze unterheben. Das Glutenpulver mit hineingeben und alles zu einem Teig rühren (evtl. etwas Wasser hinzufügen).

3 Den Teig in 4 Teile teilen und jeden Teil zu einer 14 cm langen Wurst formen. Die Würste einzeln zweimal in Alufolie wickeln und die Enden wie bei einem Bonbon zudrehen.

4 Die Würste in einem Dampfgareinsatz in einem mit 3 cm Wasser hoch befüllten Topf 35-40 Minuten garen. (Das Wasser vorher aufkochen lassen.)

5 Die Würste von der Folie befreien und abkühlen lassen. Jetzt können sie gebraten werden.

Vegane Weißwurst

5 Port. 120 Min. Mittel

Zutaten

Für den Teig (nasse Zutaten):

350 g Tofu, Natur
300 ml Wasser
65 ml Öl
2 große Zwiebeln, klein geschnitten
1,5 EL Brühpulver
Saft von ½ Zitrone

Für den Teig (trockene Zutaten):

300 g Gluten
1 EL Guarkernmehl

Gewürze:

3 EL Hefeflocken
1,5 EL Kardamom, gemahlen
1 EL Macispulver
1 EL Salz
1 EL Ingwer, gemahlen
Petersilie
2 EL Misopaste, hell
Pfeffer

Nährwerte

*556 kcal, 15 g kh,
22 g Fett, 80 g Eiweiß*

1 Die nassen Zutaten mit den Gewürzen, außer der Petersilie, mischen und mixen.

2 Die trockenen Zutaten und die Petersilie hinzufügen und alles gut durchkneten.

3 Den Teig in 8 Teile teilen und in eine Form für Weißwürste füllen. (Es können stattdessen auch Würste geformt und in Backpapier und Alufolie gewickelt werden).

4 Einen Topf 3 cm hoch mit Wasser befüllen, zum Kochen bringen, den Herd ausschalten und die Würste danach eine halbe Stunde in dem Wasserdampf garen. Danach erkalten lassen.

Bonusrezepte

Geflügelaufschnitt

5 Port. 1 Tag Leicht

Zutaten

1000 g Putenschnitzel
100 g Aspik Pulver
135 g Paprika (alle Farben)
32 g grüner Pfeffer (Glas)

Für den Sud:

1 Knoblauchzehe
½ TL schwarzer Pfeffer
20g Salz
17 g Zucker
Essig
420 ml Weißwein, lieblich
2 Nelken
420 ml Wasser
1 Lorbeerblatt
80 mm Darm

Nährwerte

548 kcal
34 g kh
20 g Fett
30 g Eiweiß

1 Die Schnitzel in Salzwasser garen, erkalten lassen und in Stücke schneiden.

2 Nun die Paprika auch in Salzwasser garen und danach kleinschneiden.

3 Den Sud 18 Minuten kochen, dann fein sieben und das Aspikpulver unterrühren.

4 Die Paprika mit dem Fleisch mischen und in den Darm geben. Hierbei den Pfeffer gleichmäßig hinzufügen. Dann den Darm mit dem Sud befüllen und zubinden.

5 Die Masse ca. 13 Stunden erkalten lassen und dann 5-7 Stunden in den Kühlschrank legen. Danach den Darm abmachen und die Wurst anschneiden.

Luftgetrocknete Schweinelenden

1 Port. 8 Tage Leicht

Zutaten

¼ Blatt Gelatine
¼ Schweinelende (Schweinefilet)
12 g Pökelsalz
Kräuter und Gewürze nach Belieben

Nährwerte

148 kcal
1 g kh
3 g Fett
27 g Eiweiß

1 Die Lende säubern, trockentupfen und mit dem Salz einreiben. In der Nacht in einem Gefäß kühlstellen und einmal wenden.

2 Die Lende abbrausen und 2 Stunden in Wasser einlegen. Die Lende trockentupfen und an einer Schnur aufhängen. Nochmal abtrocknen und 1 Tag so hängen lassen.

3 Die Gelatine in Wasser legen, dann auflösen lassen und auf die Lende pinseln.

4 Die Lende mit den Gewürzen einreiben und 6 Tage erneut aufhängen (ab und zu eine Druckprobe durchführen). Zum Schluss kann die Lende noch geräuchert werden.

Pastrami

14 Port. 12 Tage Mittel

Zutaten

250 g Meersalz (grob)
3000 g magere Rinderbrust
5 Knoblauchzehen
2 TL Ingwer, gemahlen
4 EL schwarzer Pfeffer, grob gemahlen
½ TL Salpeter
4 TL Koriander, grob gemahlen
4 EL brauner Zucker

Nährwerte

496 kcal
2 g kh
25 g Fett
62 g Eiweiß

1 Das Fleisch mit ca. 100 g Salz einreiben und in einer Schüssel 2 Stunden ruhen lassen. Dann abbrausen und trocken tupfen.

2 Alle Gewürze und den Knoblauch mit dem restlichen Salz mischen und das Fleisch damit einreiben.

3 Das Fleisch in einer Schale zugedeckt 1,5 Wochen kalt lagern. Ab und zu umdrehen.

4 Das Fleisch trockentupfen und 1 Tag an einem dunklen, trockenen und luftigen Ort aufhängen.

5 Das Fleisch 5 Stunden bei 24°C kalt räuchern. Zum Schluss 2,5 - 3 Stunden in Wasser solange köcheln lassen, bis es weich ist. Danach abtropfen lassen.

Pizzawürstchen

18 Port. 1 Tag Mittel

Zutaten

- 2500 g Schweinenacken
- 1 rote Paprikaschote
- 30 g Salz
- 1 Bund Oregano, frisch
- 200 g Champignons
- 1 Dose Tomaten, geschält
- 1 Bund Basilikum, frisch
- 19 g schwarzer Pfeffer
- 500 g Rückenspeck
- 1 Bund Petersilie, frisch
- 200 g Emmentaler
- 1 Bund Kerbel, frisch
- 48 ml Ketchup
- 200 g Kochschinken
- 28 g italienische Kräuter
- 200 g Salami
- 10 m Schweinedarm (Kaliber 30/32)

Nährwerte

514 kcal
4 g kh
36 g Fett
45 g Eiweiß

1 Das Nackenfleisch 2 Stunden kühl lagern. Dann mit dem Speck in Stücke schneiden und durch einen Fleischwolf mit einer Ø 6 mm Scheibe drehen. Danach in den Kühlschrank stellen.

2 Den Käse, den Schinken, die Salami, die Pilze und die Paprika klein schneiden und die Kräuter hacken. Die Dosentomaten mixen und die Kräuter und den Ketchup zu den Tomaten geben und verrühren.

3 Die gesamten Zutaten kneten und in der Nacht im Kühlschrank lagern.

4 Dann die Masse in die Därme füllen.

Entenwurst

1 Port. 14 Tage Leicht

Zutaten

Meersalz, grob
Rosmarin, getrocknet und gehackt
1 Entenbrust

Nährwerte

569 kcal
1 g kh
41 g Fett
47 g Eiweiß

1 Das Fleisch abbrausen und das Fett abschneiden.

2 Die Entenbrust in eine Schale legen, das Salz darüber streuen, bis das Fleisch bedeckt ist und bei geschlossenem Deckel 13-16 Stunden kühl lagern.

3 Dann das Salz abbrausen und die Entenbrust trocken tupfen.

4 Das Fleisch auf ein Baumwolltuch legen, etwas Rosmarin oben darauf streuen und das Fleisch mit dem Tuch umwickeln. Das Fleisch unten im Kühlschrank 2 Wochen lagern.

Enten Rillettes

7 Port. 5 Std. Mittel

Zutaten

- 4 Keulen Ente (á 300 g)
- 100 ml Fond
- Wacholderbeeren
- 150 g Zwiebeln, klein geschnitten
- 48 ml Cognac
- ½ Bund Thymian
- Salz und Pfeffer
- 50 g Gänseschmalz
- ½ Bund Majoran

Nährwerte

512 kcal
2 g kh
36 g Fett
38 g Eiweiß

1 Die Keulen von der Haut befreien. Das Schmalz und die Haut in einen gusseisernen Topf schmelzen lassen. Die Haut nach einigen Minuten herausnehmen.

2 Die Zwiebeln, den Weinbrand, die Keulen, das Fond und die Gewürze mit etwas Salz und Pfeffer im Topf bei geschlossenem Deckel 4,5 Stunden köcheln lassen. Ab und zu umrühren.

3 Die Masse grob sieben (dabei das Fett auffangen), die Knochen und die Kräuter herausnehmen. Mithilfe von Gabeln das Fleisch zerrupfen, in das Fett geben und abschmecken.

4 Die Masse in ein Glas geben, den Deckel drauf setzen und erkalten lassen, bis das Schmalz hart ist. Die Rillettes sind gekühlt 1 Monat haltbar.

Schweinskopfsülze

 8 Port.

 1 Tag

 Leicht

Zutaten

- ½ kleiner Schweinekopf
- 2 Schweinsfüße
- 2 Schweineschwänze
- 2 Schweineohren
- 2 Gemüsezwiebeln
- 1 Schweinshaxe
- 4 Lorbeerblätter
- 2 Gewürzgurken
- ¼ l Apfelessig
- 3 TL Pfeffer
- ½ TL Salz

Nährwerte

394 kcal
2 g kh
30 g Fett
14 g Eiweiß

1 Den Schweinskopf und die anderen Teile vom Tier in einem oder mehreren Töpfen in ausreichend Salzwasser mit viel Pfeffer und den Lorbeerblättern garen, bis sich alles von den Knochen löst. Dies kann circa 4 Stunden dauern. Die Gewürzgurken in Scheiben schneiden und damit den Boden mehrerer Schüsseln auslegen. Die Schüsseln sollen für die Grütze reichen. Es können auch Kastenformen genutzt werden.

2 Die Teile des Schweins aus dem Sud nehmen – den Sud unbedingt aufbewahren – und das Fleisch aller Teile vom Knochen lösen und klein schneiden. Besonderes Augenmerk gilt den Ohren, da diese viel Knorpel enthalten und besonders klein geschnitten werden sollten. Das gesamte Fleisch bunt gemischt auf die Schüsseln verteilen.

3 Die Zwiebeln häuten, in Hälften und dann Ringe daraus schneiden und in den heißen Sud geben. Nun die gesamte Flüssigkeit in einem großen Topf sammeln, falls das bisher nicht möglich war. Den Sud anschließend mit dem Essig abschmecken. Er sollte einen Tick zu sauer erscheinen.

4 Nun die Zwiebeln ebenfalls in den Schüsseln verteilen und alles vorsichtig mit dem Sud aufgießen. Am besten durch ein Küchentuch gießen, um zu verhindern, dass Knochenstücke und Lorbeerblätter in die Sülze geraten. Die Schüsseln abgedeckt für mindestens 15 Stunden an einem kalten Ort lagern, bis die Masse zur Gänze fest geworden ist.

Fischwürstchen

2 Port. 45 Min. Leicht

Zutaten

- 800 g Hecht
- 1 Zwiebel
- Butter
- etwas Öl
- Milch
- Muskatnuss
- Weißer Pfeffer
- 2 alte Brötchen
- Majoran
- 2 Eier
- Semmelbrösel
- Salz

Nährwerte

544 kcal
28 g kh
7 g Fett
84 g Eiweiß

1 Die Gräten und die Haut vom Fleisch lösen, klein schneiden und die Brötchen in der Milch einweichen. Dann die Brötchen ausdrücken und mit dem Fisch mischen.

2 Die Zwiebel würfeln und in Butter anbraten. Danach etwas erkalten lassen und mit einem Ei und den Gewürzen zu der Fischmasse geben. Wenn die Masse zu weich ist, etwas Semmelbrösel hinzufügen.

3 Ein Brett etwas bemehlen und 2 cm dicke Wurstschlangen formen. Diese in 10 cm lange Teile teilen.

4 Das zweite Ei, 1 TL Öl und Wasser mischen und die Würstchen hineintauchen. Dann abtropfen lassen und in den Semmelbröseln wenden.

5 Die Würste in Öl goldbraun backen und danach auf Küchenpapier legen.